Bestsellerautor von *Des klugen Investors Handbuch*

DR. MARKUS ELSÄSSER

DIESES BUCH IST BARES GELD WERT

Warum das ganze Leben ein »Deal« ist und Sie die Handwerkerrechnung immer sofort bezahlen sollten

FBV

Bibliografische Information der Deutschen Nationalbibliothek
Die Deutsche Nationalbibliothek verzeichnet diese Publikation in der Deutschen Nationalbibliografie. Detaillierte bibliografische Daten sind im Internet über **https://dnb.de** abrufbar.

Für Fragen und Anregungen:
info@m-vg.de

Originalausgabe
6. Auflage 2026

ein Imprint der Münchner Verlagsgruppe GmbH
Türkenstraße 89
80799 München
Tel.: 089 651285-0

Redaktion: Renate Oettinger
Korrektorat: Anja Hilgarth
Umschlaggestaltung: Marc-Torben Fischer
Umschlagabbildung: Anzug: mnimage/shutterstock.com, Geldbündel: Impact Photography/shutterstock.com
Satz: ZeroSoft, Timisoara
Druck: GGP Media GmbH, Pößneck
Printed in Germany

ISBN Print 978-3-95972-325-1
ISBN E-Book (PDF) 978-3-96092-602-3
ISBN E-Book (EPUB, Mobi) 978-3-96092-603-0

Weitere Informationen zum Verlag finden Sie unter

www.finanzbuchverlag.de

Beachten Sie auch unsere weiteren Verlage unter www.m-vg.de.

Inhalt

Vorwort zur 6. Auflage 9

Einleitung 11

Für Ihren Erfolg ist es nie zu spät 13
1. Ohne Mentor? Schön dumm! 16
2. Denkblockaden – wo ist Ihr virtueller Sparringspartner? 20
3. Hartnäckigkeit und Stehvermögen 24
4. Wer bestimmt Ihren Kurs – die Realität oder Ihre Vision? 31

Familie und Freunde – Kraftquelle oder Bremsklotz? 35
1. In der Familie – überlegen Sie sich gut, was Sie sagen .. 37
2. Zweimal im Jahr zur »Clan-Sitzung« 40
3. Auf welche Freunde setzen Sie? 43
4. Ihr Netzwerk – einmal anders aufgezogen 47

Ihr Beruf: der Dreh- und Angelpunkt 51
1. Ausbildung – mit viel Bedacht auswählen 54
2. Die Weichen richtig stellen 59
3. Trauen Sie sich mehr zu 63
4. Sind Sie auf dem richtigen Arbeitsacker? 65
5. Der große Tanker 69
6. Worauf Sie noch achten sollten 73

Das ganze Leben ist ein »Deal« 79
1. Die Verhandlung – Vorbereitung ist das A und O 81
2. Aufgepasst am Verhandlungstisch 84
3. Vom Zuhören, Hinhören und Reden 87
4. Lernen Sie, »Nein« zu sagen 92
5. Erfolgreich in der Verhandlung 95

Tipps für den Arbeitsalltag. 99
1. Nur eine Kiste am Tag 100
2. Sind Biorhythmus und Gesundheit auf Ihren Job abgestimmt? 101
3. Wie Sie besser durch den Arbeitstag kommen 103
4. Geben Sie auf sich acht 107

Empfehlungen aus Elsässers Schatzkiste. 109
1. Das Vermächtnis des Aristoteles Onassis. 111
2. Bloß keine Heldenverehrung 113
3. »Könnte sich dieser Mann auch selber ernähren?«. 115
4. Die Kehrseite von Erfolg und Vermögen 117

Hier heißt es »Aufgepasst!«. 121
1. Humor besser mit einem kleinen »h« 121
2. ... und auch Kritik bitte mit einem kleinen »k« 123
3. Man kann die Eitelkeit der Mitmenschen gar nicht genug überschätzen 125
4. Jede Gefälligkeit rächt sich 127
5. Gehen Sie sorgsam mit der Zeit um. 133
6. Kostspielige Affären im Beruf. 137

Unbedingt zu vermeiden – sehr zu empfehlen 141
1. Niemals einen Brief 142
2. Mit kleinlichen Forderungen in den Ruin 144
3. Handeln Sie Konditionen vorher aus 145
4. Wie überbringe ich schlechte Nachrichten?. 146

Querbeet durch Elsässers Sammelmappe 151
1. Bloß nicht als Amateur auftreten 152
2. Wissen Sie eigentlich, mit wem Sie es zu tun haben?. . . 153
3. Stellen Sie den Kunden in den Mittelpunkt. 157
4. Begehen Sie keinen Parteienverrat. 159
5. Dezente Hinweise – ganz pragmatisch 164

Wenn es mal nicht so gut läuft 169
1. Selbst kreierte Krisen 171
2. Vom Umgang mit Fehlern und Schieflagen 174
3. Mitten in der Turbulenz 175
4. Sie brauchen eine Reißleine! 177
5. Die Krise als Segen 180

Kein Buch mit sieben Siegeln – der Umgang mit Geld 183
1. Sparen Sie nach der 10-Prozent-Methode 186
2. Die Grundsatzentscheidung: selber oder mit Berater? .. 189
3. Rund ums Geld – eine kleine Haushaltsfibel 191
4. Meiden Sie Schulden wie die Pest 196
5. Fünf Punkte – Faustregeln für Kapitalanlagen 201

Resümee – Ihr Kompass zum Erfolg 209
Ihr Kompass zum Erfolg 210

Schlusswort 211
Über den Autor 213
Business-Speaker: Seminare und Vorträge 214
Zuschriften zum Buch »Des klugen Investors Handbuch« .. 215

Meinen Söhnen
Leonard und Julian

Vorwort zur 6. Auflage

Seit Erscheinen meines ersten Bestsellers *Des klugen Investors Handbuch* im Jahre 2016 wurde ich immer wieder von Lesern ermuntert, ja geradezu gedrängt, die Erfahrungen aus den verschiedenen Stationen meines langen Berufslebens zu veröffentlichen. Zunächst war ich skeptisch und habe dieses Ansinnen verworfen. Es ist sicher dem Lektorat des FinanzBuch Verlags und seiner rückhaltlosen Unterstützung, zu verdanken, dass ich mich schließlich im Jahr 2019 an die Arbeit gemacht habe.

Der Verlag sollte recht behalten. Das vorliegende Buch *Dieses Buch ist bares Geld wert* erschien dann im Oktober 2020 und war auf Anhieb ein durchschlagender Erfolg. Der Zuspruch begeisterter Leser, jung wie alt, reißt seitdem nicht ab.Inzwischen ist mein drittes Buch *Die sechs entscheidenden Lektionen des Lebens* erschienen. Auch dieses Buch ist auf reges Interesse bei der Leserschaft gestoßen.

Es ist mir eine große Freude, Ihnen nach nunmehr 5 Jahren bereits die 6. Auflage des Buches vorlegen zu können. Mehr denn je nutzen Leser klugerweise die Lektüre als eine »Fundgrube« vieler nützlicher Beobachtungen, Tipps und Tricks aus dem wahren Le-ben. Erfolg ist eben kein Zufall. Vielleicht hilft Ihnen ja *Dieses Buch ist bares Geld wert*, den einen oder anderen Schlüssel zu finden, sich den Weg zu ungeahnten Möglichkeiten zu erschließen.

Ich danke meinen verehrten Lesern und wünsche Ihnen alles Gute

Ihr
Dr. Markus Elsässer
im Winter 2025

Einleitung

Im Verlauf meines Berufslebens habe ich immer wieder feststellen müssen, dass man die eigentlich wichtigen Dinge weder in der Schule noch in der Ausbildung mit auf den Weg bekommt. Auch der Erfahrungsschatz der eigenen Familie hilft einem nicht unbedingt weiter. Oft sind es »Kleinigkeiten«, die über Erfolg und Niederlage entscheiden. Das habe ich am eigenen Leib immer wieder erfahren müssen. Dabei hat es keinen Unterschied gemacht, ob ich als angestellter Top-Manager in Asien unterwegs oder – während den vergangenen 25 Jahren – als internationaler Investor selbstständig tätig war.

Es ist mir von daher seit langer Zeit ein Anliegen, die vielen Dinge, die ich in der Berufswelt gelernt habe, mit Ihnen zu teilen. Natürlich muss jeder Mensch im Leben seine eigenen Wege beschreiten und aus seinen Fehlern lernen. Dennoch ist es ein unschätzbarer Vorteil, wenn man nicht bei null anfangen muss.

Ein erfolgreicher Fabrikant hat mir einmal gesagt: »Das Wertvollste, das ich im Leben angesammelt habe, sind nicht meine Fabriken, sondern eigentlich meine Erfahrungen. Und jetzt, am Ende meines Lebens, sind sie nichts mehr wert.« Ich bin da anderer Ansicht. Ich glaube sehr wohl, dass man besser durchs Leben kommt, wenn man sich das Wissen anderer Menschen zunutze macht. Insofern können Erfahrungen doch »weiterleben« und viel Gutes bewirken.

Das vorliegende Werk *Dieses Buch ist bares Geld wert* ist kein theoretisches Lehrbuch und auch kein allumfassendes Kompendium. Es ist vielmehr eine Zusammenstellung einzelner Episoden, Erinnerungen und Aspekte aus meinem langen Berufsleben, die sich mir als hilfreich und nützlich erwiesen haben. Es ist meine Hoffnung, dass Sie in Ihrer jeweiligen Lebens- und Berufssituation davon etwas aufgreifen können. Vielleicht stellen Sie sogar nach einer Weile fest, dass Ihnen die Lektüre des Buches genauso viel gebracht hat wie ein ganzes Semester an der Universität oder im Lehrjahr. In jedem Fall wünsche ich Ihnen viel Freude beim Lesen.

Ihr
Dr. Markus Elsässer
im Herbst 2020

Für Ihren Erfolg ist es nie zu spät

Warum sind manche Menschen so viel erfolgreicher als andere? Wie kommt es, dass einige einfach auf der Sonnenseite des Lebens wandeln? Warum fallen andere nach noch so schlimmen und tiefen Abstürzen immer wieder auf die Füße? Und warum gibt es gut ausgebildete, intelligente Menschen, die vom Leben scheinbar dennoch so viel weniger haben? Was machen die »Dauer-Pechvögel« falsch, denen – oftmals ein ganzes Leben lang – einfach nichts, aber auch gar nichts gelingen will? Diese Fragen haben mich schon früh in meiner Jugend beschäftigt.

Mein besonderes Interesse an der Klärung und der Ausleuchtung dieses Phänomens hängt vielleicht mit meiner Gymnasialzeit in einem elitären Internat zusammen. Dort wurden mir die unterschiedlichen Lebensschattierungen von klein auf vor Augen geführt. Wenn die Eltern aus ganz Deutschland zu den Ferien oder an bestimmten Feiertagen anreisten, um ihre Söhne abzuholen beziehungsweise abzuliefern, war das wie in einem Kinofilm. Es präsentierte sich einem sozusagen ein Querschnitt der deutschen Mittel- und Oberschicht der sechziger und siebziger Jahre des 20. Jahrhunderts, und dies auf kleinstem Raum vor der Eingangstür der »Stella Rheni«, eines eindrucksvollen Schlösschens, in dem wir Internatsschüler untergebracht waren. Allein schon die Wagenkolonne der Eltern zu sehen, wie sie sich bergauf durch die große Parkanlage über den Kiesweg hochschlängelte, war ein echtes Erlebnis.

Meine Mitschüler stammten aus den verschiedensten Regionen Deutschlands. Da wir viele Schuljahre lang unter einem Dach zusammenlebten, konnte es nicht ausbleiben, dass wir im Laufe der Zeit viel über die Familien unserer Mitschüler erfuhren. Wir bekamen einen Einblick in die intimen Verhältnisse und wussten recht gut Bescheid, wie es hinter den Kulissen bei unseren Freunden zu Hause wirklich zuging – das Ganze verbunden mit gelegentlichen messerscharfen Kommentaren unseres Internatsdirektors, eines charismatischen, hochintelligenten Mannes mit einem wahren Talent für Familienpsychologie. Ohne Umschweife analysierte er gnadenlos. Er kannte seine Pappenheimer, die da ihre Söhne in seine Obhut gaben – wahrscheinlich besser als die Betroffenen sich selbst. Er brachte es mit wenigen Sätzen auf den Punkt. Er wusste einfach, wo der Hund bei der jeweiligen Familie begraben lag.

Das Spektrum war wirklich bunt: Da war die Adelsfamilie, die keinen Pfennig auf der Bank hatte, ihren Sohn mit ganzen zwei Lederkniebundhosen ins Internat schickte, weil das riesige Vermögen in Grund und Boden bestand und nicht liquide gemacht werden konnte. Da war der Mitschüler, dem per Stipendium ein Internatsaufenthalt ermöglicht wurde; seine alleinstehende Mutter war als Chefsekretärin von einem hochrangigen Konzernvorstand geschwängert und dann sitzengelassen worden. Der reiche Kiesgrubenbesitzer mit abgebrochenem Volksschulabschluss, der Vater meines Schulfreundes, finanzierte kurzerhand das Stipendium des armen Teufels. Dann waren da die Fabrikantensöhne aus der Automobilzulieferindustrie. Während einer der gelegentlichen Konjunkturkrisen musste eine dieser Familien, trotz fünf Fabriken in Europa und drei Privatimmobilien samt Luxuskarossen, ein ganzes Jahr lang um Aufschub bei der Zahlung des monatlichen Schul- und Internatskostgeldes betteln, so schlimm waren sie in eine Liquiditätskrise geraten. Mit Erstaunen erfuhr ich dann als 14-Jähriger, dass der Konkurrent dieser Familie problemlos und ohne mit der Wimper zu zucken weiterzahlen konnte. Auch seine zusätzlichen Spenden an das Internat musste er nicht kürzen, und dies, obwohl er in der gleichen Branche tätig war und die gleichen Großkunden belieferte. Das ließ mich aufhorchen.

Wir hatten die unterschiedlichsten Vorbilder. Manche von den sehr vermögenden Vätern waren vornehm angezogen und sympathisch im Auftreten. Andere wiederum waren die letzten Proleten ohne Anstand und ohne jedes Taktgefühl. Und dann war da noch mein Vater, Dr. jur. Martin Elsässer, damals ein junger Diplomat, ein

Karrierebeamter. Er war wahrscheinlich der Intelligenteste, mit der besten Allgemeinbildung. Aber von allen Vätern fuhr er das kleinste Auto. Nicht aus Bescheidenheit, sondern weil das Salär zu nicht viel mehr reichte. Das war mir richtig peinlich.

Ich habe meine Eltern und Großeltern immer wieder mit meinen kindlichen Fragen gelöchert: »Wie kommt es, dass dieser oder jener so viel besser dasteht? Wie kann es sein, dass einige so viel mehr haben? Wieso ist der Meier Staatsekretär und du nicht?« Darauf bekam ich immer einen Dämpfer: »Ja, die Familie M. stammt aus einer alten Industriellenfamilie, das ist halt was anderes.« Sehr beliebt war auch der hochachtungsvolle Hinweis: »Der Vater deines Freundes hat reich geheiratet. Seine Frau ist eine geborene Z.« Oder aber: »Der Mann ist eben ein Glückspilz, da kann man nichts machen. Der hat rechtzeitig das richtige Parteibuch in der Tasche gehabt.« Und so ging es in einem fort.

Von Anfang an hatte ich bei diesen Antworten ein ungutes Gefühl. Ich wusste – vielleicht sollte ich besser sagen: ich spürte –, dass da etwas nicht stimmte. Solche Antworten konnten nicht die Lösung des Problems sein. Zum Glück hatte ich Zugang zu »meinem« Internatsleiter, der mir in langen Gesprächen zu einem anderen Blickwinkel verhalf. Er gab mir etwas mit auf den Weg, was sich dann im Verlauf meines Lebens immer wieder bestätigt hat: Erfolg ist kein Zufall. Das »ICH« und der Wille zum »ERFOLG« müssen übereinstimmen. Und auf dem eingeschlagenen Weg zum Erfolg sollte man früh den Durchblick haben, wie es eigentlich im Leben läuft und worauf es ankommt.

Fangen wir also an.

1. Ohne Mentor? Schön dumm!

Die meisten Menschen sind sich gar nicht darüber im Klaren, wie früh in der Ausbildung und in den ersten Berufsjahren sie an wichtige Weggabelungen kommen. Je nachdem, wie sie sich entscheiden, geht es in die richtige oder in die falsche Richtung. Das Gefährliche ist, dass sie in diesem frühen Stadium die Tragweite ihrer Entscheidung gar nicht abschätzen können. Meist herrscht die Meinung vor: »Ich habe doch noch so viel Zeit ...«

Unmerklich, aber radikal gehen die Wege schnell auseinander. Die einen schaffen sich dabei eine bessere Ausgangsbasis für das weitere Fortkommen; ihnen bleiben Umwege erspart, sie kommen auf das richtige Gleis. Andere landen auf zeitraubenden Umwegen oder – wie sich später oft herausstellt – in Sackgassen. Wie heißt es so schön beim Brettspiel Monopoly? »Gehe zurück auf Los.« Dann ist schnell die Rede vom Pech oder von der Ungerechtigkeit.

Der Gedankenfehler, eine Art »Fehlprogrammierung«, liegt darin, dass wir der Schul-, Lehr und Universitätsausbildung das Feld überlassen. Ist die gesamte Ausbildung erst einmal absolviert, dann halten wir uns für gut gerüstet und präpariert, eine erfolgreiche Laufbahn einzuschlagen. Und für alle weiteren Dinge des Berufslebens danach sind wir allein auf uns gestellt. Vielleicht unterhalten wir uns mit einem früheren Schulfreund oder einer Klassenkameradin, aber meistens dümpeln die hoffnungsvollen jungen Menschen jeder für sich selbst so dahin. Die Erkenntnis, wie hilfreich es sein kann, weiterhin Know-how »anzuzapfen«, ist einfach nicht vorhanden.

Sie, liebe Leserin und lieber Leser, können sich das bildlich folgendermaßen vorstellen: Auf dem Weg zum Erfolg stehen Sie am Uferrand eines gewaltigen Ozeans. Ihnen wird zum Anfang nur ein kleines Ruderboot mit einem Ersatzsegel zur Verfügung gestellt. Mit diesem treten Sie die Reise in Ihr Leben an. Weder sind Sie mit der Nussschale, in die man Sie gesetzt hat, besonders vertraut, noch kennen Sie die Tücken der See. Und auch das Ziel am anderen Ende des großen, weiten Meeres ist Ihnen unbekannt.

Nun frage ich Sie: Wer ist wohl besser dran? Derjenige, der alleine loslegt? Oder derjenige, der sich zuvor mit einem erfahrenen Kapitän bespricht? Einem Kapitän, der die Überfahrt schon 20 Mal absolviert hat, zu allen Jahreszeiten. Und mit diesem Kapitän bleiben Sie über Funk während der gesamten Überfahrt in Kontakt. Obendrein hat der Kapitän am Zielhafen sein zweites Zuhause.

Die Antwort dürfte wohl einleuchtend sein. Aber im echten Leben ist es erstaunlich, wie wenig von dieser Einsicht Gebrauch gemacht wird – zumindest, wenn es im Beruf »um die Wurst« geht. Ich denke, da existiert bei vielen Menschen folgende unterschwellige Haltung: »Ich habe so viel in meine Ausbildung gesteckt, da muss ich doch jetzt Manns genug sein, das selber entscheiden zu können. Ich bin doch schließlich erwachsen und alt genug.« Und später, mit mehr Jahren auf dem Buckel, halten es viele für unter ihrer Würde, sich bei ihren eigenen Belangen konstant mit anderen zu beraten.

Da fällt so manchem ein Zacken aus der Krone. Vor allem bei älteren Männern nimmt das Ego-Problem zu. Man will sich keine Blöße geben und hält es für eine Schwäche, kritische Situationen nicht alleine meistern zu können. Doch hinter der stolzen Fassade und dem Anschein der Souveränität wird so leicht eine Fehlentscheidung nach der anderen getroffen. Und alle wundern sich, warum es beständig bergab geht und sich das »Schicksal« gegen den guten Mann gewendet hat.

Nach meiner Erfahrung brauchen Sie einen Mentor – eben den guten Kapitän. Manche von Ihnen werden das Glück haben, einen solch qualifizierten Menschen in ihrem persönlichen Umfeld zu kennen. Dann heißt es nach gründlicher Überlegung, einen Termin zu machen. Werden Sie vorstellig und tragen Sie Ihr Anliegen vor. Es ist ganz einfach. Nur keine Hemmungen. Gerade heraus: »Lieber, sehr geehrter Herr Huber, wollen Sie nicht mein Mentor sein?« »Sehr geehrte Frau Reinhold, ich komme heute zu Ihnen in einer wichtigen privaten Angelegenheit. Könnten Sie sich vorstellen, mir als Mentorin zur Verfügung zu stehen?«

Ja, Mentoren fallen nicht vom Himmel. Im Zweifelsfall ist da niemand in Ihrer Verwandtschaft und auch nicht in Ihrem Freundeskreis. Das ist aber kein Grund, die Flinte ins Korn zu werfen. Schauen Sie sich doch mal bei Kollegen, Kunden oder Lieferanten, in Berufsverbänden oder im Landtag um. Scheidet dort eine gescheite und Ihnen sympathische Person gerade aus? Oder steht da jemand kurz vor der Pensionierung? Je nach Branche und Wirkungsfeld werden Sie schon die richtigen Suchfelder identifizieren. Oder fragen Sie einen Ihnen wohlgesonnenen Menschen nach einer guten Empfehlung.

Für einen Mentor im Hintergrund und an Ihrer Seite ist es nie zu früh und auch nie zu spät. Ich habe im Verlauf meines Lebens einen sehr erfolgreichen Unternehmensführer kennengelernt, der keine einzige wichtige Entscheidung getroffen hat, ohne sich mit seiner »grauen Eminenz« im Hintergrund zu besprechen.

Es ist alles eine Fleißfrage. Je weiter Sie im Geschäft oder in Ihrer Karriere vorankommen, umso mehr sollten Sie die Augen aufhalten. Ihre Urteilsfähigkeit steigt von Jahr zu Jahr. Auf Kongressen, bei Tagungen oder in der Lobby eines Flughafens – sprechen Sie mit anderen Menschen und überprüfen Sie geistig dabei, ob die Person nicht jemand wäre, der eines Tages Ihnen als Mentor helfen könnte. Bauen Sie behutsam eine entsprechende Datei auf. Idealerweise haben Sie im Verlauf Ihres langen Lebens nämlich mehrere Mentoren.

Neben dem Fach-Know-how, der Expertise und viel Erfahrung kommt es bei der Wahl Ihres Mentors auch auf einige weitere wichtige Punkte an. Achten Sie darauf, dass diese Person großherzig und zur echten Anteilnahme fähig ist. Sie glauben gar nicht, wie viele Egoisten in der Welt existieren, die sich im Grunde »nicht die Bohne« für einen anderen Menschen interessieren. Es braucht oft einige Zeit, bis Sie das merken. In gar keinem Fall darf Ihr Wunschkandidat sich in irgendeiner Konkurrenzsituation zu Ihnen befinden. Ich würde auch keinen vom Typ her negativ eingestellten Menschen als Mentor in Erwägung ziehen. Eine positive Grundeinstellung ist unerlässlich. Es nützt Ihnen gar nichts, sich mit einem vom Leben verhärmten Zyniker auseinanderzusetzen – egal wie eindrucksvoll oder gebildet er ist. Gespräche mit einer solchen Person wirken wie ein Lähmungsgift.

Ich habe im Laufe meines Lebens gute Erfahrungen gemacht. Immer wieder haben kompetente Menschen meinen Weg gekreuzt, die mit Freude, Enthusiasmus und echtem Engagement bereit waren, mir mit Rat und Tat zur Seite zu stehen. Die sich darüber gefreut haben, dass ich erfolgreicher wurde als sie selbst – ohne jeden Anflug von Neid.

Ihr Mentor sollte zu jeder Tages- und Nachtzeit ein tiefes Verständnis für Sie aufbringen. Natürlich soll er sich mit Ihnen auch streiten und sich über Ihre Uneinsichtigkeit aufregen. Aber tief im Inneren muss es ihm ein wirkliches Bedürfnis sein, Ihnen zu helfen. Auf »Ja-Sager« können Sie verzichten. Das kann später ein Problem werden, wenn Sie als »Mr. oder Mrs. Wichtig« unterwegs sind, mit viel Applaus bedacht werden, als erfolgreiche Person weithin bekannt sind oder auf einem wichtigen Posten sitzen. Da sollten Sie ein gutes Gespür entwickeln, ob es jemand mit seiner Mentorenrolle ernst meint oder sich nur etwas von Ihrem »Glanz« verspricht.

Ihre Chancen stehen gut, wenn Sie wirklich willens sind, sich Verstärkung und Rat zu holen. Und keine Sorge, ob Sie sich einen Mentor leisten können. Zu Anfang Ihrer Laufbahn ist es durchaus realistisch, dass Sie auf einen väterlichen Freund oder eine mütterliche Freundin stoßen, der oder die bereit ist, auch ohne Honorar für Sie da zu sein. Wenn Sie gescheit sind, dann sparen Sie aber später nicht am falschen Ende. Sofern Sie es sich eines Tages finanziell leisten können, holen Sie sich einen absoluten Top-Mentor und bezahlen diesen fürstlich. Das ist dann in Ihrer privaten Buchführung keine schmerzhafte Ausgabe, sondern ein lohnendes Investment.

2. Denkblockaden – wo ist Ihr virtueller Sparringspartner?

Auch ein noch so guter Mentor kann oder soll Ihnen nicht das eigenständige Denken abnehmen. Und damit sind wir auch schon auf einen interessanten Punkt gestoßen: das Denken.

Hier hapert es oft gewaltig. Das ist wieder so ein Thema, auf das uns zu Hause und in der Schule niemand richtig aufmerksam gemacht hat. Für mich steht fest: Die meisten Menschen denken viel zu »kurz«. Vor allem, wenn es um schwierige und knifflige Fragen geht, rebelliert das Gehirn gerne. Unsere Psyche neigt dazu, vor dem »Durchdenken« unangenehmer Wahrheiten Hürden aufzubauen. Ich nenne dieses Phänomen »Denkblockaden«. Aus bitterer Erfahrung kann ich Ihnen versichern, dass einen dieses Defizit in der Denkfreudigkeit teuer zu stehen kommen kann.

Natürlich bin ich ein leidenschaftlicher Taten-Mensch. Erfolg basiert auf dem richtigen Tun. Couragiert voranzugehen, angstfrei zügig Entscheidungen zu treffen – solche Eigenschaften zeichnen den erfolgreichen Typus aus. In diesem Zusammenhang sind mir die gewichtigen Worte eines alten Verwandten in Erinnerung geblieben. Er saß jahrzehntelang im Vorstand eines mächtigen Ruhrkonzerns der Energiewirtschaft. Für ihn war es an der Tagesordnung, in großer Runde mit Vorstandskollegen, Aufsichtsräten und Gewerkschaftern wichtige Beschlüsse zu erörtern. Da ging es viel um Konsens und politische Abstimmung. Mit erhobenem Zeigefinger mahnte er mich als Studenten: »Denke immer daran. Was zu viel bedacht wird, wird bedenklich!« Und dabei setzte er eine ernste Miene auf, meist bei einer Tasse Tee in seiner Vorstandsvilla mit Blick auf den Baldeney See.

Ob es meiner jugendlichen Arroganz zuzuschreiben oder eine leise Ahnung war – ganz egal: Dieser Satz hat mich nicht überzeugt. Ich habe dem Wahrheitsgehalt misstraut. Später im Leben wurde mir bald klar, dass mein guter Verwandter das Zusammensitzen und Debattieren mit der Qualität eines guten Denkvorgangs verwechselt hat (in jedem Fall bestätigt die schlechte Geschäftsentwicklung seines Konzerns meine These).

Vor allem in Gremien wird zu viel geredet und zu wenig gedacht. Durch das oft stundenlange Zusammenhocken fühlt sich der einzelne Teilnehmer von einem eigenen tiefgründigen Denkprozess – sozusagen – befreit. »Der Gruppenentscheid wird es schon richten ...« Dabei ist die Möglichkeit, zu jeder Stunde und an jedem Ort der Welt ganz alleine »denken« zu können, mit das beste Kapital, das wir besitzen.

Umso trauriger ist es, dass wir nur selten in vollem Umfang davon Gebrauch machen. In früheren Jahren sind mir in dieser Hinsicht schwere Fehler unterlaufen. Im Rückblick ist mir klar, woran es meistens lag. Bei der Planung eines wichtigen Vorhabens ahnte ich schon im Unterbewusstsein, dass mit meinem Kalkül etwas nicht stimmte. Aber ich wollte mir »das Spielzeug« nicht kaputt machen lassen. Wie ein kleines Kind hatte ich mich in mein Vorhaben verliebt. Natürlich habe ich Pro und Contra abgewogen und auch viel, viel nachgedacht – aber eben nur bis zu einem bestimmten Punkt, nur in eine Richtung und nur bis zu einem begrenzten Horizont. Über die weiterführenden Konsequenzen in späteren Jahren wollte ich nichts wissen. Und ich war auch nicht fähig, mich wirklich in die Gedankenwelt der Gegenargumente hineinzuversetzen. Es war keineswegs so, dass ich mich dagegen gesträubt hätte. Vielmehr ging es in meinem Kopf einfach nicht weiter – eben eine typische Denkblockade, um die ich immer wieder einen Bogen gemacht habe.

Nun, was ist zu tun? Wie können Sie das besser in den Griff bekommen als ich damals? Nehmen wir an, es geht um die Frage einer vorgeschlagenen Beförderung, um eine Versetzung an einen anderen Standort oder einen Arbeitgeberwechsel oder um die Frage, ob Sie Ende des Jahres kündigen sollten. Oder es ist an der Zeit für Sie als Unternehmer, ein neues Geschäftsfeld zu erschließen; ein Angebot liegt auf dem Tisch.

In solch wichtigen Momenten in Ihrem Berufsleben ist erst einmal Folgendes angesagt: Luft holen, sich Zeit nehmen und zur Ruhe kommen. Denn es ist gar nicht so unwahrscheinlich, dass Sie vor lauter Begeisterung über rosige Aussichten so aufgewühlt oder vor lauter Angst vor den Risiken so verschreckt sind, dass Sie zu keinem klaren Gedanken kommen.

Zwingen Sie sich in Klausur. Nehmen Sie alleine an einem Tisch Platz und suchen Sie nicht gleich das Gespräch mit anderen Menschen. Sie geraten sonst zu früh auf falsche Bahnen. Sie haben ja sonst gar keine Zeit, Ihren eigenen Standpunkt zu festigen, denn niemand kennt Sie besser als Sie sich selbst. Sie wissen genau, welche Uhr im tiefsten Inneren in Ihnen tickt. Dort liegen die Dinge, über die Sie noch mit keinem Menschen gesprochen haben, nicht einmal mit Ihrem Lebenspartner.

Schreiben Sie alle Aspekte und Konsequenzen des anstehenden Schrittes auf, also das Für und Wider. Glauben Sie mir, dies können Sie recht gut überblicken. So etwas haben Sie sicher im Griff. Aber in diesem Stadium darf es nicht aufhören, denn damit ist es noch nicht getan – obwohl Sie am liebsten gleich starten würden, damit es endlich »losgehen« kann oder damit Sie aus der Zwickmühle rauskommen und Sie die ganze Entscheidungs-Chose endlich von der Backe haben.

Jetzt kommt der Trick: Schließen Sie die Augen und stellen Sie sich einen virtuellen Sparringspartner vor. Ihren ganz persönlichen Denkübungs-Sparringspartner. Und den holen Sie an Ihren Tisch. Da sitzt er nun – nur vor Ihrem geistigen Auge sichtbar – wie ein Panzer unverrückbar vor Ihnen und verlangt Antworten. Er lässt Sie einfach nicht aus dem Schwitzkasten. Mit kaltem Blick zwingt er Sie, alle möglichen Konsequenzen zu durchdenken, und zwar auch die der späteren Jahre. Tun Sie so, als wenn Sie ihm Rechenschaft schuldig wären.

Auch wenn es sich dumm anhört: Sollten Sie sich allzu schwertun, sich konzentriert hinzusetzen, dann greifen Sie zu folgender List: Lassen Sie sich für zwei bis drei Stunden an einem Wochenende einschließen. Nehmen Sie zwei Liter Wasser, einen Apfel oder Müsliriegel, ein Blatt Papier, einen Stift und Ihre Gedanken mit. Ansonsten ist nur noch für Ihren virtuellen Sparringspartner Platz im Zimmer: kein Mobiltelefon, kein Computer und auch keine Magazine. Die klare Anweisung lautet, ob es regnet oder schneit, Sie nicht vor Ablauf der Zeit da wieder rauszuholen – ganz nach der Devise: »Denken, bis es wehtut.«

Ihren Sparringspartner als virtuelle Person sollten Sie immer dann zu sich rufen, wenn es mit dem Denken schwierig wird. Im realen Leben werden Sie eine solche Person kaum finden, zu leicht kommen die Emotionen und Hemmungen ins Spiel. Deshalb rate ich Ihnen, die Sache im ersten Schritt mit dem virtuellen Partner auszumachen. Erst dann besprechen Sie sich mit Ihrem Mentor. Und letztendlich kommen Ihre Freunde und die Familie dran.

3. Hartnäckigkeit und Stehvermögen

Nun haben wir schon zwei wichtige Punkte angesprochen: die Rolle eines Mentors und wie Sie Ihr Denkvermögen verbessert zum Einsatz bringen. Zur Beantwortung der Frage, inwieweit Ihr »ICH« und der »ERFOLG« harmonisch aufeinander abgestimmt sind, wollen wir nun einen dritten Aspekt ansprechen: die Charaktereigenschaft »Hartnäckigkeit und Stehvermögen«.

Die ganze Welt ist voller Menschen mit herausragenden Talenten. Gleichermaßen werden Sie immer wieder mit Personen konfrontiert werden, die auf einen exzellenten Ausbildungshintergrund verweisen können. Und dann gibt es diejenigen, die mit Charme, blendendem Aussehen und einer gewissen Aura zur Welt kommen: Menschen vom Typ *Homo sympathicus*, denen sich die Türen öffnen und die Herzen zufliegen. Es ist nur zu verständlich, wenn man sich davon beeindrucken lässt. Gerade in jungen Jahren fühlt man sich schnell neben solchen »Überfliegern« recht klein und lässt sich den Schneid abkaufen.

Ich kann Ihnen aber versichern, dass dies nicht die Punkte sind, die den Ausschlag geben, wenn es um den langfristigen Erfolg geht. Den Marschallstab haben viele im Tornister, doch das allein reicht nicht aus. Später im Leben wird so manche erloschene »Wunderkerze« Ihren Weg kreuzen, wo Sie feststellen werden: »Aus dem oder der hätte doch viel mehr werden müssen. Das war doch eine so hoffnungsvolle Nachwuchsperson. Was ist denn da schiefgelaufen?«

Nach meiner Erfahrung ist nichts wichtiger als die Fähigkeit, mit Stehvermögen und Hartnäckigkeit auf Kurs zu bleiben. Den Wirrungen, Rückschlägen und Hindernissen des Lebens zu trotzen – das macht den Unterschied. Die Amerikaner verwenden für diese Fähigkeit das Wort *perseverance*. Ich sage bewusst »Fähigkeit« und nicht »Talent« oder »Eigenschaft«. Denn Hartnäckigkeit und Stehvermögen, das können Sie sich aneignen. Das lässt sich antrainieren.

Auch wenn es nicht populär klingen mag und Sie vielleicht allergisch reagieren werden, so will ich es doch an dieser Stelle sagen: Gefühle und das Sich-Wohlfühlen sowie eine stets harmonische Stimmungslage gehören ins Privatleben. Es ist eine Illusion zu glauben, dass Sie ein solches Umfeld im Berufs- oder Geschäftsleben vorfinden werden. Ein guter Freund von mir, Freiherr von M., der mit viel persönlichem Einsatz ein Agrarimperium in Osteuropa aus dem Boden stampft, antwortete mir einmal auf meine Frage, wie er sich denn dabei so fühle: »Ja, Gefühle, Gefühle – die habe ich schon! Dafür ist hier aber bei dem Arbeitspensum keine Zeit.«

Im Rückblick auf meine frühen Berufsjahre als angestellter Manager war ich viel zu empfindlich. Was habe ich mich über die ganzen Unzulänglichkeiten und »Idioten« in den verschiedenen Konzernen aufgeregt. Viel zu häufig habe ich mich mit Kollegen angelegt, obwohl mir der Laden ja überhaupt nicht gehörte. Wieso habe ich mich unnötig ärgern und immer wieder provozieren lassen? Da habe ich viel Wut in mich hineingefressen. Was sich da alles aufgestaut hatte! Und das zu meinem eigenen Nachteil.

Heute weiß ich, mein Verhalten basierte auf einer Fehleinschätzung der Gesamtgemengelage und auf einer Überschätzung der Bedeutung meiner eigenen Person. Dabei ist es ganz einfach: Wenn Sie in einer Großorganisation oder bei einer Behörde beschäftigt sind, dann heißt es letztlich: Ihre Arbeit gegen ein monatliches Salär. Basta – keine weiteren Diskussionen. Egal welche noch so hohe Position Sie einnehmen, Sie sind ein Zahnrad im Getriebe. Das Gesamtgebilde hat tagein, tagaus zu funktionieren. Auf Ihre persönlichen Befindlichkeiten kommt es überhaupt nicht an.

Auch für den Gewerbetreibenden, den Unternehmer und Geschäftsmann gilt Ähnliches. Am Ende dienen Ihr ganzer Apparat, die Maschinen und Ihre Mitarbeiter nur dem einen Ziel: Ihren Kunden das zu liefern, was sie brauchen, und zwar zu Preisen, mit denen Sie und Ihre Kunden auf Dauer gut auskommen. Alle anderen Aspekte sind Nebenkriegsschauplätze und Ablenkungsmanöver, viel Lärm um nichts.

Legen Sie sich also besser beizeiten ein dickes Fell zu. Behalten Sie immer Ihre Peilung auf das Ziel »Erfolg«. Ob Ihr Kunde sich nach Ihren Kindern erkundigt, ob Ihr Kollege aus der anderen Abteilung Sie freundlich grüßt, ob auf Ihrem Schreibtisch an Ihrem Geburtstag ein Blumenstrauß auf Sie wartet, das alles wäre zu begrüßen, ist aber nicht ausschlaggebend und letztlich unerheblich. Wie gesagt, Ihr Bedürfnis nach Streicheleinheiten gehört nach Hause und in Ihr privates Umfeld.

Das hört sich gar nicht schön an, ist aber kein Grund zu verzagen. Mein Tipp: Sie können sich den Alltag in der Berufs- und Geschäftswelt erleichtern. In allen Organisationsstrukturen werden Sie immer wieder vor die Wahl gestellt: Sind Sie der »Nero oder der Sklave«? Der »Hammer oder der Amboss«? Dort, wo sich Ihnen die Gelegenheit bietet, der »Nero« zu sein, sollten Sie unbedingt zugreifen und diese Rolle auch besetzen. Falsche Zurückhaltung oder Scheu sind nicht angebracht auf dem Weg zum Erfolg. Es arbeitet sich einfach besser.

Sind Sie jetzt schockiert? Was meine ich mit dem Begriff »Nero«? Sie sollen ja nicht zu einem brutalen Unmenschen werden, der böswillig seine Mitmenschen im Beruf schikaniert. Sie brauchen auch nicht zu einem Ekelpaket zu mutieren. Aber in jeder Hackordnung der Hierarchien und Gruppenstrukturen werden die Grenzen untereinander getestet. Beim Kräftemessen lautet die Frage stets: Brüllen Sie oder werden Sie angebrüllt? Teilen Sie aus oder kriegen Sie die Prügel ab?

Machen Sie sich möglichst früh mit den Spielregeln in Ihrem Tätigkeitsfeld vertraut. Kommt es zu kritischen Konfliktsituationen, dann sollten Sie sofort – ich betone: sofort und ohne Umschweife – Stellung beziehen und Ihren Standpunkt mutig äußern. Langes Zuwarten und Erdulden verschlechtert nur Ihre Position. Ich habe die Erfahrung gemacht, dass denjenigen mit mehr Respekt begegnet wird, die sich nicht alles gefallen lassen. So lebt es sich mit dem Ruf, eine »schwierige« Person zu sein, gar nicht mal so schlecht– ganz nach dem Motto: »Vorsicht, der explodiert leicht.«

Und in den Situationen, wo es sich trotz allem nicht vermeiden lässt, der »Sklave« zu sein, müssen Sie halt dienen. Wenn Ihnen das bewusst ist, dann stehen Sie solch eine Konstellation emotionslos durch. Unnötige Erregungen ersparen Sie sich besser. Aber wie gelingt Ihnen das am leichtesten? Kapseln Sie sich innerlich ab. Eine alte Indianerweisheit sagt dazu: »Du musst deinen Körper verlassen.« So ersparen Sie sich Nervenstress. Kluge Unternehmer akzeptieren solche unangenehmen Situationen gelassen und nehmen diese abgeklärt hin. Sie sagen dazu: »This is the cost of doing business« – sinngemäß: »Das ist halt der Preis, den ich aufbringen muss« – mit Blick auf das Endziel: den Erfolg.

Um Ihnen plastisch vor Augen zu führen, was Hartnäckigkeit und Stehvermögen eigentlich heißt, möchte ich Ihnen einige Beispiele nennen. Zunächst zwei zum Thema Hartnäckigkeit:

- Als ich in den 1980er-Jahren im Markenartikelverkauf trainiert wurde, um mich auf die Leitung der Landesgesellschaft in Australien vorzubereiten, war ich in Niederösterreich unterwegs. Man hatte mir die Gelegenheit geboten, mit einem tüchtigen Außendienstler eine Woche lang die Verkaufsgebiete abzufahren. Wir besuchten also zusammen alle seine Kunden im Einzelhandel. Auf den langen Fahrten durch die schöne Landschaft erzählte er mir von dem knorrigen Alleininhaber und Chef einer großen Ladenkette – nennen wir ihn Herrn E.
  Bei seinem ersten Verkaufsbesuch war er bei besagtem E. abgeblitzt. Begleitet von dem Hinweis, er brauche nicht mehr wiederzukommen, verließ er die Hauptverwaltung. Jeder andere hätte nun wahrscheinlich resigniert. Nicht so dieser Außendienstler. Er besuchte zunächst auf seinen Touren ein Jahr lang immer wieder die Chefsekretärin, plauderte charmant und brachte das eine oder andere kleine Präsent mit. Im zweiten Jahr gelang es ihm über diese Schiene, doch Termine beim großen Chef zu bekommen. Allerdings erteilte der alte E. keine einzige Order. Im dritten Jahr fragte ihn der Senior: »Sagen Sie, wieso kommen Sie eigentlich immer weiter zu mir? Wir machen doch gar kein Geschäft zusammen.« Darauf der Verkäufer: »Wieso, Herr E., Sie sind doch mein Kunde. Der Umsatz ist momentan halt nur zero.« Das hat dem Ketteninhaber scheinbar imponiert. Im Jahr fünf gelang daraufhin der Durchbruch, und die beiden verbuchten fortan große, wirklich große Geschäftsabschlüsse – eine Geschichte aus dem wahren Leben.
- Einer der großen Süßwarenkonzerne der Welt gehört einer Familie in Amerika. Nach dem Ende des Zweiten Weltkriegs schickte der Familienpatriarch seinen jungen Sohn nach Europa, um dort eine erste Fabrikation aufzubauen. Kurz nach Fertigstellung der

Baumaßnahmen, noch vor Produktionsbeginn, brannte die gesamte Fabrik ab. Ungefragt und mit schlotternden Knien flog der Sohn zu seinem Vater in die USA, um ihm höchstpersönlich von dem Desaster zu berichten (wir sprechen ja hier über eine Zeit, als es kein Fax, keine E-Mail etc. gab).
Wutentbrannt wetterte der alte Senior, was das denn solle, hier Geld für einen unnützen Flug auszugeben. Und obendrein: welche Zeitverschwendung. Ihn interessiere die Ausführung zur Brandursache überhaupt nicht. Was der Sohn denn hier überhaupt in Amerika bei ihm zu suchen habe? Sein Platz sei doch in Europa. Der Sohn wurde noch am gleichen Tag ins Flugzeug gesetzt, zur Rückreise auf die Baustelle. Die Fabrik wurde ein zweites Mal aufgebaut, als wenn nichts gewesen wäre. Die Geschäfte der Familie haben sich seitdem grandios entwickelt. Das überrascht mich nicht.

Und nun drei Beispiele zum Thema Steh- und Durchhaltevermögen, die mir imponieren:

- Ein bedeutender Diamantenkonzern unterhielt über viele Jahrzehnte ein weltumspannendes Geschäftsnetz im internationalen Diamantenhandel. Es war sehr reizvoll, in dieser überaus vornehmen und mächtigen Firma eine Karriere anzustreben. Nur wenigen wurde diese Chance geboten. Wer als Manager bis nach oben durchstoßen wollte, musste sich aber »im Aufstieg« auf einiges gefasst machen. Bei der Firma war es nämlich üblich, einen jungen Mann für mehrere Jahre in den abgelegensten Winkel Afrikas zu versetzen. Dort lebte er mitten im Busch, allein auf sich gestellt. Er fungierte als regional zuständiger Einkäufer für Diamanten, die von den ortskundigen Einheimischen auf eigene Rechnung gefunden wurden. Ohne jegliche Kultur, ohne Fernsehen und Kino, vielleicht mit einem Radiosender, mussten die jungen Männer auf dem Posten ausharren – eine echte Herausforderung.
- Mein Sohn war für ein Handelshaus in Colombo, der Hauptstadt Sri Lankas, einige Jahre tätig. Bei seinen Geschäftsreisen im Lande konnte er Kontakte zu interessanten Persönlichkeiten der dortigen Geschäftswelt knüpfen. Von ihnen erfuhr er viel

über die Zeit des bewaffneten Konflikts, der von 1983 bis 2009 in Sri Lanka herrschte. Der grauenhafte Bürgerkrieg, mit ständigen Mord- und Entführungsdrohungen gegen die Oberschicht, hatte zur Konsequenz, dass unzählige Familien getrennt wurden. Die hartgesottenen Firmeneigentümer und Chefs blieben vor Ort zurück, um die Geschäfte fortzuführen – stets dem Risiko für Leib und Leben ausgesetzt. Die Ehefrauen und Kinder schickten sie ins sichere Ausland und sahen diese nur noch ganz selten. Erst nach 2009 kehrten die Ehefrauen dann mit ihren inzwischen erwachsenen Kindern heim – ein hoher Preis, der da zu zahlen war.

- Zum Abschluss ein wahrlich tragischer Fall, ein Beispiel dafür, wie wichtig Durchhalte- und Stehvermögen im Leben sein kann. Ein altehrwürdiges hanseatisches Handelshaus schaut auf eine lange Tradition zurück. Die Firmengruppe wurde Anfang des 19. Jahrhunderts gegründet. Vor dem Ersten Weltkrieg hatte das Unternehmen bereits viele Mitarbeiter in China und gehörte damit zu den großen ausländischen Arbeitgebern im Reich der Mitte.
  Nach der Niederlage im Ersten Weltkrieg wurde der gesamte Auslandsbesitz der deutschen Firmen entschädigungslos enteignet. So erging es auch diesem Unternehmen. Für einen 100-prozentigen Außenhändler war das eine Katastrophe. Alles war verloren: Warenlager, Kundenkontakte und Grundvermögen in bester Lage von Schanghai und Hongkong. Der gesamte Besitz ging in fremde Hände über. Kundenkontakte wurden schamlos von Konkurrenten zum Nulltarif übernommen.
  In dieser niederschmetternden Lage der Jahre 1918 und 1919, angesichts des Zusammenbruchs einer damals schon über 100 Jahre alten bedeutenden Firma, nahm sich einer der älteren Geschäftsinhaber aus Verzweiflung das Leben. Er konnte es sich nicht vorstellen, dass es noch einmal bergauf gehen könnte.
  Schon ein halbes Jahr später gelang es einigen wenigen Mitarbeitern gegen alle Erwartungen, die Firma wieder aus der Taufe zu heben und auf neue Beine zu stellen. Nach mühsamen kleinen Anfängen wurde das Geschäft Schritt für Schritt erneut aufgebaut. Heute gehört die internationale Unternehmensgruppe zu den führenden Asien-Händlern.

Die Moral von der Geschicht': Hartnäckigkeit und Stehvermögen ist ein Schlüssel zum Erfolg. Fast hinter jeder großen Karriere oder überdurchschnittlichen unternehmerischen Leistung werden Sie darauf stoßen. Sie müssen also kein Genie oder begnadetes Talent sein, um Großes zu erreichen. An den Spielregeln des Berufslebens können Sie kaum etwas ändern, an Ihrem »ICH« aber schon. Das stimmt mich optimistisch. Hartnäckigkeit und Stehvermögen, das ist keine Last, sondern für mich ein echter Ansporn und Mutmacher zugleich.

4. Wer bestimmt Ihren Kurs – die Realität oder Ihre Vision?

Die meisten Menschen haben zu viel Respekt vor der Realität. Sie resignieren vor dem Status quo, der sich ihnen präsentiert. Kaum etwas hat mehr Macht über sie als das Faktische, das Eingespielte und Vorgelebte. Schier unüberwindlich scheinen sich die Hürden im Leben aufzubauen. Mit gesenktem Kopf und traurigem Blick ergeben sich die meisten in ihr vermeintliches Schicksal.

Zu schnell wird aufgegeben angesichts einer Vielzahl von Irritationen. Die Liste der möglichen Szenarien ist lang:

- uneinsichtige Vorgesetzte, die ihre Beförderung behindern und sich ihnen bei ihrem Fortkommen in den Weg stellen,
- zu viel Hochachtung vor gesellschaftlichen Kreisen, zu denen sie sich nicht zugehörig fühlen,
- Investments, die nicht ins Auge gefasst werden, angesichts zu hoher Preise im Verhältnis zu ihrer eigenen bescheidenen Kassenlage,
- erbärmlich niedrige Gewinnmargen in ihrer Branche, von denen sie sich bei ihren Expansionsplänen abhalten lassen, sowie
- mangelnde Beziehungen und ein fehlender Zugang zu wichtigen »Drahtziehern«.

All das nimmt vielen leicht den Wind aus den Segeln. So kommen Vorhaben erst gar nicht zustande, obwohl sie ihnen schon lange am Herzen liegen. Häufig anzutreffen ist auch folgende Situation: Viele Berufstätige sind der irrigen Überzeugung, dass es aussichtslos ist, mit einem vermeintlich unzureichenden Ausbildungshintergrund in einem Wettbewerb anzutreten.

So oder anders habe ich Menschen während meines Lebens immer wieder angetroffen. Die Liste ließe sich verlängern. In jedem Fall ist das Resultat immer das gleiche: Die Menschen geben auf und fügen sich in das ihnen Dargebotene. Und eines schönen Tages merken sie mit Schrecken, dass es scheinbar in ihrem Berufsleben kein Zurück mehr gibt. Sie sind an dem Point of no Return angelangt – keine Umkehr mehr in Sicht. Sie sehen nur noch Betonmauern um sich herum. Und angesichts ihres Gefühls, dass diese unüberwindlich sind, wird dies dann auch zu ihrer eigenen, unumstößlichen Realität.

Es stellt sich also die Frage: Was hat mehr Gewicht? Was kommt zuerst? Die Realität oder die Idee? Die Beantwortung ist bei nüchterner Betrachtung recht leicht. Haben Sie sich schon einmal gefragt, was eigentlich unsere reale Welt überhaupt verändert? Da sind zum einen die Natur und Naturkatastrophen sowie die Regeln und Mechanismen der Evolution. Zum anderen sind es aber die Ideen der Menschen – aber nur die Ideen, die auch in die Tat umgesetzt werden und in Aktionen münden.

Dieser Umstand gilt auch für Sie und Ihr persönliches Leben. Sie haben die Wahl: Wollen Sie sich nach dem Ideenstrickmuster Ihrer Zeitgenossen richten? Oder wären Sie nicht besser beraten, Ihre eigene Ideenwelt zu verwirklichen? Meine Empfehlung steht fest: Überlassen Sie es nicht den anderen. Kapitulieren Sie nicht. Bestimmen Sie selbst Ihren Weg entlang Ihrer eigenen Gedanken und Vorstellungen.

Eines der besten Seminare, die ich als damaliger Finanzmanager besuchen durfte, war ein Gustav-Käser-Training für Führungskräfte im Jahr 1986. Ich war gerade 30 Jahre alt geworden. Eine Enquete-Kommission des *manager magazin* hatte mich zu einem der Top-10-Nachwuchsmanager gekürt. Das war sicher der Grund, warum mich mein damaliger Arbeitgeber auf ein solches Seminar schickte, denn ich war mit weitem Abstand der jüngste Teilnehmer.

Von diesem Seminar ist mir eine Weisheit besonders in Erinnerung geblieben: »Vorstellungen prägen unser Verhalten«. Was ist damit gemeint? Was wir Menschen uns in unseren Köpfen ausmalen und visualisieren, das hat größten Einfluss darauf, wie wir uns verhalten. Dazu ein Beispiel mit folgender Situation: Vor Ihnen liegen zwei dicke Holzbalken, jeder 50 Zentimeter breit und acht Meter lang. Sie werden aufgefordert, zweimal über diese Balken zu balancieren. Beim ersten Mal liegen die beiden Balken auf Backsteinen, gerade mal 20 Zentimeter über dem Boden – sicher keine große Herausforderung für Sie, darüberzulaufen. Beim zweiten Versuch liegen die gleichen stabilen Balken in 100 Metern Höhe zwischen zwei Hochhäusern. Und was geht nun in Ihrem Kopf vor? Beide

Male dieselben Holzbalken. Aber in Ihren Gedanken spielen sich ganz unterschiedliche Szenarien ab. Und entsprechend werden Sie handeln.

Diese knappe Aussage »Vorstellungen prägen unser Verhalten« habe ich nie vergessen. Ich bin der festen Überzeugung, dass wir Menschen großen Einfluss auf unseren Werdegang nehmen können. Dazu ist es aber nötig, dass wir – auch als erwachsene Menschen – den Mut aufbringen, zu träumen. In der Schule lernen wir das nicht und auch meistens nicht zu Hause, im Gegenteil: In unserer Sprache ist das Träumen negativ besetzt. »Sie oder er ist ein Träumer!« Das sind Glaubenssätze, die wir von klein auf mitbekommen. Nirgends wird uns das Träumen beigebracht. Und wenn wir als Kinder zu viel träumen, dann wird es uns eher ausgetrieben.

Der großartige Coach Robert Betz betont es immer wieder: Die meisten Menschen wissen recht schnell, was sie im Leben *nicht* wollen. Nur ganz wenige wissen klipp und klar, unumstößlich und ohne Zweifel, *was* sie wirklich wollen. Diese wenigen sind meistens die sehr erfolgreichen Menschen. Glauben Sie mir, der Weg zum Kern Ihrer wahren Bedürfnisse geht über das Träumen. Ich habe vorhin bewusst gesagt: Dazu braucht es Mut. Denn die Angst, sich zu blamieren oder ausgelacht zu werden, sitzt tief.

Das Träumen ist der erste wichtige Schritt. In der Gedankenwelt eines Traums entsteht sozusagen der »See« Ihrer Wünsche, aus dem Sie schöpfen. Aus Ihren Träumen entwickeln Sie dann im zweiten Schritt Ihre Vision. Denn nur mit einer konkreten bildlichen Vision haben Ihre Träume eine Chance, eines Tages wahr zu werden. In Ihrer Vision gestalten Sie ein Bild von sich und von dem, was Sie erreichen möchten.

Ich gehe das Thema »Meine Vision« in Etappen an. Ich erarbeite mir seit Jahren regelmäßig meine 15-Jahres-Vision. Da finden sich dann alle Antworten auf meine Fragen: »Wie will ich in 15 Jahren leben? Wo soll das überhaupt sein? Welche Kunden wünsche ich mir in 15 Jahren? Und mit welchen Geschäften möchte ich mich in 15 Jahren nicht mehr herumschlagen? Welche Menschen wünsche ich mir um mich? Wie viel würde ich gerne verdienen und besitzen? …«

Ich rate Ihnen, an Ihrer Vision zu arbeiten. Je mehr Sie sich damit beschäftigen, umso klarer wird Ihnen Ihr eigenes Zukunftsbild.

Sie sehen sich dann regelrecht vor Ihrem geistigen Auge, nur 15 Jahre älter. Und wenn Sie diesen Punkt der Visualisierung erreicht haben und dort angekommen sind, dann wird Ihnen unmissverständlich klar, ob Sie heute schon auf dem richtigen Dampfer sind oder ob Sie dringend etwas ändern müssen, weil Ihnen nämlich bewusst wird: »Ach du lieber Gott! Von da, wo ich heute stehe, und wenn das mit mir und meinem Beruf so weitergeht, komme ich da ja nie hin.«

Verdrängen Sie also dieses Bild nicht, auch wenn es Ihnen Angst macht oder Sie eine leichte Panik verspüren. Es wird in Ihnen arbeiten. Ihr Unterbewusstsein nimmt es auf. Und unmerklich wird eine ungeheure Kraft in Ihnen freigesetzt.

Fazit: Auf dem Weg zum erfolgreichen Arbeiten und Wirken liegt der Schlüssel in Ihrer Hand. Bei dem einen oder anderen von Ihnen mag es vielleicht lange dauern, bis sich die Tore öffnen. Der Weg lohnt sich aber. Seien Sie versichert: Sie sind mit einer schöpferischen Veranlagung zur Welt gekommen. Und nichts macht mehr Freude, nichts fördert Ihre Gesundheit mehr, als diese im Laufe Ihres Berufslebens zur Entfaltung zu bringen. Das »ICH« und der »ERFOLG« gehen Hand in Hand, wenn Sie es richtig anstellen.

Familie und Freunde – Kraftquelle oder Bremsklotz?

Bevor wir zu den eher pragmatischen Tipps sozusagen aus meinem Privatkontor kommen, müssen wir zuvor einen Blick auf das Thema »Familie und Freunde« werfen. Es ist bedeutsamer für Ihren erfolgreichen Werdegang, als Ihnen vielleicht bewusst ist. Das private Umfeld, in dem wir aufwachsen und leben, hinterlässt nicht nur in der frühen Jugend einen starken Stempel. Auch im weiteren Verlauf Ihres hoffentlich langen Lebens werden Sie den Faktor »Familie und Freunde« nicht aus Ihrer beruflichen Sphäre ausklammern können.

Mit der lieben Familie ist das so eine Sache. Einerseits kann die Prägung, die Ihnen dort widerfährt, sich extrem positiv auf Sie auswirken. Andererseits ist es gar nicht so selten, dass man das genaue Gegenteil beobachten kann: die Familie als Ballast und Bremsklotz, als Räuber von Kraft und Zeit, von Energie, die Ihnen als Folge im Beruf und Geschäft fehlt. In einem solchen Fall ist das eine Herausforderung. Anstatt sich wegzuducken, sollten Sie ihr mit offenem Visier begegnen. Es gilt, das familiäre Gefüge nicht fatalistisch hinzunehmen, sondern zu Ihrem Vorteil zu nutzen. Dazu kann es nötig sein, dass Sie einige harte Entscheidungen zu treffen haben – Entscheidungen, auf die Sie wahrscheinlich nicht vorbereitet worden sind.

Auch wenn es um Ihre Freundinnen und Freunde geht, ist eine genaue Analyse von Vorteil. Die Begriffe »Freundin« und »Freund« haben grundsätzlich einen positiven Klang. Doch auch hier sollten Sie hinterfragen, welchem Einfluss Sie in Ihrem Freundeskreis unterliegen. Freunde sind nicht gleich Freunde. Mancher, der gar keine Freunde hat, denkt, dass mit ihm etwas nicht stimmt. Andere wiederum kommen vor lauter Pflege ihres Freundeskreises zu gar nichts mehr. Und ehe sie sich's versehen, ist der Raum für eigenständige Gedanken kaum noch vorhanden.

Keine Sorge: Ich bin kein Familienpsychologe und will Sie in diesem Kapitel nicht mit tiefenpsychologischen Theorien amateurhaft belästigen. Es ist mir jedoch ein wirkliches Anliegen, einige Beobachtungen, die ich über Jahrzehnte machen konnte, mit Ihnen zu teilen. Vielleicht sind einige dieser Punkte für Sie durchaus von Interesse und hilfreich.

1. In der Familie – überlegen Sie sich gut, was Sie sagen

Manchmal reicht ein Satz, und der verfolgt uns ein Leben lang. Als ich elf Jahre alt war, ging ich mit meinem Onkel durch ein schönes Wohnviertel in Weinheim spazieren. Wir kamen an einer prächtigen Gründerzeitvilla vorbei. Spontan rief ich: »Onkel, schau mal, in so einer Villa werde ich auch einmal wohnen!« Mein Onkel, der als junger Mann am Anfang seiner Beamtenkarriere stand, erwiderte unmissverständlich: »In so ein Haus kommst DU nur rein, wenn du die Tochter des Hauses heiratest!« Zack! Thema beendet. Wir spazierten weiter.

Ich war erschüttert, denn all mein Enthusiasmus war dahin. Wir haben nie mehr darüber gesprochen. Aber die Aussage des Onkels – der mir durchaus sehr zugetan war – blieb in meinem Gedächtnis haften. So eine schöne Villa, für mich aus eigener Kraft nicht erreichbar! Eine ernüchternde Aussicht. Ich weiß noch genau, wie ich mich gefühlt habe: die pure Resignation.

Leider habe ich von klein auf ein extrem gutes Gedächtnis. Ob Sie es glauben oder nicht, dieser eine blöde Satz hat mir immer wieder zu schaffen gemacht und mich sozusagen um die Welt begleitet. Zu meinem Glück bin ich aber mit einem starken Selbstbewusstsein zur Welt gekommen, und so ließ die negative Wirkung zusehends nach. Später, im Laufe meiner eigenen Berufsentwicklung, machte ich mir den Satz meines Onkels zu einem echten Ansporn. Und wie ist die Geschichte für mich ausgegangen? Es hat zwar sehr lange gedauert, aber heute besitze ich eine ebenso schöne Villa (nebenbei bemerkt: Einzug ohne Einheirat!).

Nicht immer geht die Story so gut aus. Seit meiner Australien-Zeit von 1989 bis 1991 habe ich gute Kontakte in der dortigen Rohstoffindustrie. Einer meiner Geschäftsfreunde, nennen wir ihn Brian, stammt aus einer der reichen Familien des Landes. Wir sind zusammen alt geworden. All die Jahre über musste ich mit ansehen, wie mein Freund Brian an seinem tyrannischen Vater psychisch zerbrach.

Brian hat als Investor bewusst einen eigenen Weg eingeschlagen und ist selbst überaus erfolgreich. Seit vielen Jahren hat er im tagtäglichen Geschäft bewusst Abstand zu seinem Vater aufgebaut. Beide sind in unterschiedlichen Branchen tätig. Und dennoch ist Brian verzweifelt und leidet unter der mangelnden Anerkennung seines »Übervaters«.

Die Familientreffen laufen immer nach dem gleichen Muster ab: Brian berichtet seinem Vater von seinen aktuellen Vorhaben. Mit wachem Blick hört der Alte zu. Nach etwa 30 Minuten merkt man, wie der Senior unruhig auf dem Stuhl hin- und herrutscht. Dann kann er nicht länger an sich halten und unterbricht den Vortrag des Sohnes: »Hör zu. Ich sage dir jetzt was. Du machst alles falsch!« Und dann beginnt eine Belehrung, wie man das Business besser aufziehen sollte. Es ist hoffnungslos. Egal, was Brian auch präsentiert, nichts findet die Anerkennung des Vaters.

Es gibt aber auch ermutigende Beispiele. Ich bin ein großer Bewunderer von Loriot, dem verstorbenen Victor von Bülow (1923–2011). Er war ein Multitalent, ein begnadeter Humorist, Karikaturist und Regisseur. Viktor von Bülow wuchs in behüteten Verhältnissen auf. Sein Vater war Polizeileutnant. Nach dem Schulabschluss ging es darum, was aus dem jungen von Bülow beruflich werden sollte. Zwar zeichnete er leidenschaftlich gerne, traute sich dies für seinen Berufsweg aber nicht so recht zu. Aus Angst, als brotloser Künstler zu enden, entschied er sich für ein Jurastudium.

Als sein Vater dies hörte, rief er den Sohn zu sich. Mit viel Feingefühl machte Vater von Bülow seinem Sohn Mut. Er riet ihm dringend von einem Jurastudium ab. Er ermahnte ihn regelrecht, an sein Talent zu glauben. Er erinnerte ihn daran, wie viel Freude ihm doch stets das Zeichnen gemacht habe. Es sei geradezu sträflich, so etwas zu ignorieren. Der Entschluss seitens des Vaters stand fest: Ein »08/15-Verwaltungsberuf« kam für Viktor nicht in Betracht. Auf Anraten des Vaters studierte der Sohn daraufhin Malerei und Grafik an der Kunstakademie in Hamburg. Ich frage mich: Hätte es wohl einen Loriot ohne diesen Vater gegeben?

Sicher kennt jeder von Ihnen ähnliche Beispiele. Die Familie ist ein wertvolles und machtvolles Gebilde. Umso wichtiger ist es, dass Sie die Worte, die Sie aussprechen, mit Bedacht abwägen. Dies gilt generell für alle in der Familie, aber insbesondere dann, wenn Sie

– aus einer starken Position heraus – beispielsweise mit jüngeren Familienmitgliedern sprechen.

Ich befürchte, dass in vielen Familien, trotz bester Absichten und liebevoller Verbundenheit, unbewusst viel Porzellan zerbrochen wird. Allein meine Erinnerungsliste ist lang. Hier eine kleine Kostprobe: »So wie du aussiehst, brauchst du da erst gar nicht anzutreten«, »Mit so einer Idee hat schon dein Opa Schiffbruch erlitten«, »Bei deiner gesundheitlichen Konstitution würde ich das an deiner Stelle nicht angehen« oder »Da hast du doch gar keine Chance«.

Für all diejenigen unter Ihnen, geschätzte Leserinnen und Leser, die so manches an Aussagen über sich ergehen lassen mussten, habe ich eine Empfehlung: Immer dann, wenn sich ein alter »Verurteilungssatz« aus der Erinnerung bei Ihnen meldet, fallen Sie nicht weiter in Trübsal. Nehmen Sie den Satz nicht länger hin. Schütteln Sie ihn ab. Nehmen Sie sich Zeit und überlegen Sie einmal in Ruhe: Wie steht es denn eigentlich wirklich um den Wahrheitsgehalt einer solchen Aussage zu Ihrer Person? Machen Sie sich dazu Notizen. Was könnte stimmen und was eher nicht? Greifen Sie den Stier bei den Hörnern. Ich bin mir sicher, dass es Ihnen schon bald gelingen wird, die alten Bremsklötze aus dem Weg zu räumen.

2. Zweimal im Jahr zur »Clan-Sitzung«

Nachdem wir das Thema »Familie« im vorangegangenen Kapitel eher kritisch beäugt haben, ist es mir doch ein Anliegen, auf den hohen Stellenwert eines positiven Familienzusammenhaltes einzugehen. Ich bin mir sicher, dass gerade in unserer heutigen Gesellschaft die Kraft der Familie nicht genug genutzt wird. Es ist ein Privileg, wenn sich jeder in Freiheit entfalten kann. Aber Sie erhöhen Ihre Aussichten beträchtlich, dies mit Erfolg zu tun, wenn Sie auf die Ressourcen eines Familienverbundes zurückgreifen können.

Die Herausforderung ist dabei nicht die Familie an sich, sondern die Art und Weise, wie die Familienstruktur genutzt wird. In vielen Familien herrscht durchaus Harmonie und Einigkeit. Es wird auch viel zusammen unternommen und zusammengesessen. Doch die Gespräche kreisen nur um bestimmte Themen wie die Urlaubsplanung, die Farbe des neuen Autos, die Nachbarn und Freunde, den Sportverein, Klatsch und Tratsch.

Um die wirklich heiklen Themen wird allzu oft ein weiter Bogen gemacht – nämlich beispielsweise dort, wo Hilfe vonnöten wäre oder wo seit Langem im Hintergrund Gewitterwolken aufziehen. Ich kenne Familien in meinem Bekanntenkreis, die bestimmte Themen zum Tabu erklärt haben und Fundamentales totschweigen, und das seit über 20 Jahren!

Es ist sicher unrealistisch zu erwarten, dass in einer Familie andauernd schwerwiegende Anliegen debattiert werden. Das ergäbe auch eine bedrückende und belastende Atmosphäre. Also ist es eine Frage der Organisation, wie man den Schritt zu den tiefer liegenden Themen hinbekommt, ohne die Leichtigkeit des Familienalltags zu beeinträchtigen.

Meine Empfehlung: Geben Sie sich einen Ruck und machen den Sprung. Laden Sie die Familie in großer Runde ein. Kommen Sie zweimal im Jahr zu Ihrem eigenen »Familien-Clan-Treffen« zusammen – aber nicht, um eine Party abzuhalten. Nein, ganz im Gegenteil: Auf die Agenda gehören fix die Punkte Vermögenslage, Schulden, Investitionsvorhaben, Altersplanung, berufliche Situation, Ausbildungswege etc. Am besten legen Sie den Termin auf einen Samstag, dann haben Sie noch den Sonntag zum »Erholen«. Tragen

Sie diese beiden Sitzungstermine gleich am Anfang eines Jahres mit hoher Priorität in Ihren Kalender ein.

In der ersten Sitzung wird sich das etwas ungewohnt anfühlen. Unter dem Motto »Hosen runter« müssen Dinge zur Sprache kommen, die dem einen oder anderen vielleicht zunächst sehr schwerfallen. Da wird mancher »Zauber« weichen: der Vater, der bekennen muss, dass er im Job gefährdet ist; die Eltern, die den Kindern mitteilen, dass das Geld für eine Auszeit in Australien nicht reichen wird; der Sohn, der mit dem Verlauf seines Studiums nicht glücklich ist.

Aber mit jeder der halbjährlichen Sitzungen wird die Routine zunehmen. Sie werden staunen, wie viel Positives und Konstruktives mehr und mehr auf den Tisch kommt. Mit hoher Wahrscheinlichkeit werden Sie sich in diesem intimen Kreis gut aufgehoben fühlen.

Nutzen Sie also die Familie nicht nur als »letzten Anker« in der Not. Warten Sie nicht, bis Ihnen das Wasser bis zum Hals steht. In Ihrer Clan-Sitzung sollten Sie den Familienkreis als Kraftquelle mobilisieren. Nehmen Sie sich die chinesischen Großfamilien als Vorbild, die teilweise über Länder hinweg und generationenlang geschäftlich verbunden bleiben und sich austauschen.

Auch ich habe in meiner Familie mit der Tradition des »Verschweigens« brechen müssen und bin neue Wege gegangen. Noch mein Großvater war auf das Äußerste darauf bedacht, dass seine Frau, meine Großmutter, nicht erfuhr, wie viel Aktienvermögen er besaß. Seine stete Sorge war, dass sie sonst »nur weitere Pelzmäntel haben wollte«. Auch mein Vater, sicher angesichts zwei teurer Scheidungen, hielt nicht viel von Familientransparenz.

Ich habe nur gute Erfahrungen gemacht. Meine Kinder nehmen seit ihrem 16. Lebensjahr an unseren Sitzungen teil und sind über alles informiert; bis zum »letzten Hosenknopf«. Ich weiß, für viele Eltern ist diese Aussicht der reine Horror. Sie haben Angst, dass ihnen ihre Kinder missraten, wenn sie erfahren, wie vermögend die Familie ist. Ich habe jedoch genau das Gegenteil festgestellt: Je früher Sie sich mit Ihren Nachfahren besprechen, umso mehr Zeit haben Sie, Ihre eigene Lebensphilosophie, Ihre Werteordnung auch in puncto Geld und Vermögen rüberzubringen. An der Wahrheit kommen Sie ja sowieso nicht vorbei. Deshalb noch einmal: Je früher Sie anfangen, Ihre Zöglinge auf die speziellen Familienverhältnisse vorzubereiten, umso besser.

Zum Schluss noch eines: Nicht jeder wächst in einer verständnisvollen Familie auf. Manchmal ist das »Tischtuch« einfach zerschnitten. Dann ist das eben so. Aber geben Sie deswegen bitte nicht auf. Dann kreieren Sie eben Ihre ganz eigen gestaltete Familien-Clan-Sitzung. Erweitern Sie Ihre Familienrecherche. Suchen Sie im Internet nach Nachkommen Ihrer Vorfahren, die Sie noch nie kennengelernt haben. Was ist mit Großcousinen und Groß-Großcousins? Was wurde aus den Vettern Ihres Großvaters und deren Nachkommen? Keine Hemmungen, nehmen Sie Kontakt auf. Ich höre immer wieder von erfreulichen Erfahrungen, die dabei gemacht werden. Die Chancen stehen gar nicht schlecht, dass Sie dabei auf den einen oder anderen stoßen, den Sie sehr gerne in Ihrer Clan-Sitzung willkommen heißen. Am Ende des Tages stimmt der alte Spruch: Blut ist dicker als Wasser.

3. Auf welche Freunde setzen Sie?

Die besten Freundschaften entstehen im Kindergarten und während der Schulzeit. Oft halten sie ein ganzes Leben lang, und dies, obwohl sich die Menschen verschieden entwickeln. Es scheint so, als wenn die unterschiedlichen Schicksalsverläufe einer tiefen freundschaftlichen Verbindung kaum etwas anhaben können. Die Freunde aus der frühen Zeit driften nur selten für immer auseinander; selbst dann nicht, wenn sie sich nur selten sehen. Frei von Neid, Missgunst und Eifersucht ist ein solcher Freundeskreis Gold wert. Und je weniger Sie diese Art von Freunden in Ihr berufliches oder geschäftliches Kalkül miteinbeziehen, umso besser. So ein Nukleus an Freundschaften gehört strikt in Ihre Privatsphäre.

Einen solchen kleinen, privaten Freundeskreis wünsche ich jedem von Ihnen. Mir selbst ist es nicht gelungen, Freundschaften aus der frühen Jugend zu erhalten. Ich habe es versäumt, diese in mein späteres Leben sozusagen »mit hinüberzuretten«. Vielleicht schauen Sie zurück und stellen fest, dass es Ihnen ebenso ergangen ist. Meine Empfehlung wäre dann: Lassen Sie den Kopf nicht hängen. Aktivieren Sie die alten Schulkreise. Scheuen Sie sich nicht, auf Klassentreffen zu gehen, trotz eventueller Hemmungen.

Ich selbst habe mich da dumm angestellt und immer wieder Abiturtreffen – trotz netter Ansprache und schriftlicher Einladungen – gemieden. Wenn die große Runde der alten Schulklasse nicht Ihre Sache ist, dann nehmen Sie doch Kontakt mit Einzelnen auf. Da können Sie ruhig aus heiterem Himmel abends anrufen oder auch ohne konkreten Anlass eine E-Mail schreiben. Die modernen Kommunikationsmedien machen es Ihnen leicht. Auch wenn 30 Jahre vergangen sein sollten: Stärken Sie Ihr privates Umfeld aus Ihrer frühen Jugend.

Nicht ganz so einfach verhält es sich mit den Freundschaften, die sich erst später im Verlauf Ihres privaten Lebens ergeben. Sie entstehen ja oft rein zufällig, etwa im Urlaub, bei Einladungen, in Vereinen oder beim Sport. Irgendwann kommt man mit jemandem ins Gespräch, findet sich gegenseitig sympathisch, und ehe man sich's versieht, ist man »befreundet«.

Aber: Nur weil Sie bei einem punktuellen Ereignis ein gemeinsames Erlebnis hatten, heißt das noch lange nicht, dass diese Person ab dann jahrelang zu Ihrem Freundeskreis gehören muss. Da gibt es keine Verpflichtung. Mir ist dieser »Zufallsfaktor« bei der Auswahl meines Freundeskreises immer suspekt gewesen. Ihre Zeit, insbesondere Ihre Freizeit, ist kostbar. Ich bin immer wieder überrascht, wie viele Menschen zig Jahre in regelrechten Cliquen verbringen. Oft sind sich diese sogenannten Freunde längst nicht mehr grün. Und ich frage mich dann immer: Wieso hängen die überhaupt noch aufeinander? De facto wird die Zeit totgeschlagen. Ist es Ihnen auch schon einmal so ergangen? Auch wenn manche Treffen Ihnen längst keine Freude mehr machen, so trotten Sie doch weiter da hin. Eine schlimme Zeitverschwendung.

Ihre Interessen haben sich aber im Laufe der Zeit völlig verändert, und die Ihrer »Freunde« vielleicht auch. Aber Sie werden feststellen: So einfach kommen Sie aus der Nummer nicht raus. Viele der Freunde hängen ja auch wie Blei an Ihrem Fuß. Die Angst, jemanden zu verletzen, ist groß – ebenso die Sorge, nicht mehr dazuzugehören, ganz nach der Devise: Von der Zeit überholte Freundschaften sind besser, als alleine zu sein.

Es liegt natürlich an Ihnen, wie Sie Ihr Leben füllen wollen und mit wem Sie sich umgeben. Aber haben Sie ruhig den Mut, diese ehemaligen Zufallsfreundschaften auf den Prüfstand zu stellen. Ist da überhaupt noch eine gemeinsame, werthaltige Basis vorhanden? Diese Frage dürfen Sie ruhig erörtern. Sie werden dadurch nicht zu einem Charakterschwein. Vielleicht kommen Sie ja dann zwei, drei Mal in Ihrem Leben an einen Punkt, wo es doch dringend geboten ist, auszumisten, so, wie Sie das mit Ihrem Vorratskeller, dem Speicher oder dem Kleiderschrank ja auch tun sollten.

Skeptisch bin ich bei »Freundschaften« in der Berufs- und Geschäftswelt. Es ist zwar ein schöner Gedanke, dass man bei der Arbeit »Freunde« hat. Man fühlt sich nicht so allein, und es tut gut, sich mit einem wohlgesonnenen Menschen über Berufliches auszutauschen. In der Regel schlummert aber unterschwellig eine explosive Mischung dahinter: pragmatische Interessen einerseits und Emotionen andererseits.

Es gibt noch einen weiteren problematischen Punkt: Die meisten Geschäftsfreunde begegnen sich ja nicht auf Augenhöhe. Dazu ein Beispiel aus meinem Bekanntenkreis: Es ging um eine Beförderung in einem Verbandsinstitut. Der »beste Freund« unseres Bekannten wurde zum Hauptgeschäftsführer bestellt. Er selbst war in der Hierarchie ein wenig »stecken geblieben«. Als nun eine höher angesiedelte Position in der Organisation vakant wurde, machte sich mein Bekannter große Hoffnungen. Er war sicher, dass sein mächtiger Freund ihn protegieren würde. Doch weit gefehlt: Die Stelle wurde mit jemand anderen besetzt. In Verbitterung zerbrach die 20-jährige »Freundschaft«.

Auch im Business haben wir es fast immer mit Erwartungshaltungen zu tun. Das ist besonders dann der Fall, wenn einer der beiden »Freunde« faktisch am Hebel sitzt, beispielsweise bei Auftragsvergaben oder Preisfestsetzungen. Es ist eine Illusion zu glauben, dass sich in einem solchen Umfeld echte Freundschaften entwickeln werden. Neulich traf ich einen holländischen Kaufmann aus der Fleischbranche. Er arbeitet seit 40 Jahren erfolgreich mit einem prominenten deutschen Wurst- und Fleischfabrikanten zusammen. Über ihn sagt er: »Bei meinem Freund W. bist du zwar in seinen Augen sein Freund, aber ein richtiger Freund bist du nie.«

Selten überstehen Geschäftsfreundschaften richtig harte Zeiten. Während des Finanzcrashs im Jahre 2008, als in der Rohstoffbranche die Aktienkurse teilweise um 90 Prozent in die Tiefe stürzten und eine Firma nach der anderen zusammenbrach, habe ich es so oft hören müssen: »Ich bin total geschockt. Ich dachte, ich kenne diesen Menschen. Seit über 20 Jahren war er mein Geschäftsfreund. Und jetzt hat er mich hängen lassen. Das hätte ich nie und nimmer für möglich gehalten.«

Es ist naiv zu glauben, dass in der Geschäftswelt die freundschaftliche Verbundenheit extrem kritische Situationen überstehen wird. Die Geschichte der zerbrochenen Geschäftsfreundschaften ist gepflastert mit unzähligen Beispielen von Intrige, Hinterlist, Unehrlichkeit und Verrat. Am Ende siegt entweder das Geld, der Drang zu Erfolg, Einfluss und Macht, oder die Besitzgier gewinnt die Oberhand. Und doch werden viele Freundschaften in dieser irrigen Annahme geführt. Schwere Enttäuschungen sind dann programmiert. Es ist nur eine Frage der Zeit, bis Sie es merken.

Deshalb mein Tipp: Pflegen Sie klug und mit Bedacht Ihre Geschäftsfreunde. Das macht den Berufsalltag angenehmer und hilft

Ihnen natürlich (gelegentlich) beim Geschäft. Bleiben Sie persönlich aber auf Distanz. Stürzen Sie sich nicht im emotionalen Überschwang in die Freundschaft. Klammern Sie unbedingt Ihre Intimsphäre aus. Die Chance ist groß, dass Sie es sonst bereuen werden. Verquicken Sie nicht Ihr Familienleben mit dem Kreis der Geschäftsfreunde. Auf gar keinem Fall sollten Sie die Ferien miteinander verbringen. Hegen Sie erst gar nicht hochgesteckte Erwartungen. Wenn Sie Glück haben, überdauert so Ihre Geschäftsfreundschaft die Zeit und endet nicht im totalen Frust und Zerwürfnis. Meine Großmutter gab mir zu meinem Berufsanfang hinsichtlich neuer Freunde folgenden Rat: »Bloß keine dicken Eierkuchen.«

Stellen Sie es also geschickt an, wenn es um Ihre Freunde geht. Seien Sie sensibel, ganz gleich, ob es um die alten Schulfreunde, neue private Freundschaften oder die Freunde in der Berufswelt geht. Es lohnt sich. Das ist ein Thema, das hoch oben auf Ihrer Prioritätenliste stehen sollte. Denn eines glaube ich fest: Ohne echte Freunde wird Ihnen Ihr ganzer Erfolg, Reichtum und Ruhm wenig Freude machen.

4. Ihr Netzwerk – einmal anders aufgezogen

Wenn es Ihnen gelingt, ein paar wenige Geschäftsfreundschaften in der eben besprochenen realistischen Weise zu pflegen, dann ist das eine schöne Sache. Da kann man Ihnen nur herzlich gratulieren. Ich würde aber einen Schritt weiter gehen Es ist ein unschätzbarer Vorteil, wenn Sie über ein wirklich erstklassiges Netzwerk an Geschäftskontakten verfügen und sich nicht nur mit ein paar Geschäftsfreunden zufriedengeben. Da sprechen wir über eine ganz andere Dimension.

So ein brauchbares Netzwerk fällt nicht vom Himmel, und es ist unwahrscheinlich, dass es sich für Sie »irgendwie« ergeben wird. Mit Sicherheit ist es auch keine Frage des Schicksals oder der Veranlagung. Ich versichere Ihnen: Sie haben alle Karten in der Hand. Es erfordert allerdings einen bewussten Entschluss Ihrerseits, dieses Thema anzugehen. Denn nur so können Sie sich vom Faktor Zufall abkoppeln. Der Weg dorthin braucht Initiative, Planung, Organisation und ein langfristiges Denken. Aber wenn Sie es richtig anstellen, wird es mit dem Netzwerk klappen.

Mein Rat für Sie: Bauen Sie ganz gezielt ein möglichst breit gefächertes Netzwerk auf, mit Ihnen als zentraler Figur. Eine bewährte Methode wären gezielte Einladungen zum Gedankenaustausch und zwanglosen Kennenlernen. Ich würde Ihnen empfehlen, beispielsweise zehnmal im Jahr jeweils fünf Gäste zu einem frühen Abendessen einzuladen; je nach Branche und Beruf kann es auch zu einem Business-Lunch oder zu einer »Tea Time« sein.

Der Trick liegt in der langfristigen Systematik. Stellen Sie sich vor: Wenn Sie das zehn Jahre lang systematisch organisieren, dann werden Sie 500 Menschen an Ihrem Tisch gehabt haben. Das wäre doch was. Wenn es Ihnen also ernst damit ist, worauf sollten Sie beim Aufbau Ihres ureigensten Netzwerks achten?

- Lassen Sie sich nicht von den Kosten abschrecken. Je nach Kassenlage geht es auch ohne großen Aufwand: Laden Sie in ein preiswertes Restaurant, in Ihr Büro, in Ihre Werkstatt, in den Verein oder in Ihr Zuhause ein. Sie sind der Gastgeber. Es ist Ihre Veranstaltung.

- Laden Sie nicht mehr als fünf Personen ein. Platzieren Sie zwei Gäste zu Ihrer Rechten, drei zu Ihrer Linken. So haben Sie zu allen Gästen einen direkten Blickkontakt und bleiben im Mittelpunkt des Geschehens.
- Sie führen das Gespräch, Sie sind der Moderator, es ist Ihre Veranstaltung.
- Laden Sie die unterschiedlichsten Menschen aus den verschiedensten Berufsgattungen ein. Werfen Sie Ihr Netz weit aus: vom Studenten und Lehrling bis zum Senior, vom Eisdielenbesitzer um die Ecke bis zum Apotheker am Ort, vom Bauunternehmer bis zum Schornsteinfeger, vom Arzt bis zum Buchhändler, vom Installateur bis zum Rechtsanwalt. Starten Sie zunächst in Ihrem engeren Lebensumfeld. Danach erweitern Sie Ihren Radius Schritt für Schritt.
- Achten Sie darauf, dass Sie nicht nur Leute einladen, die Ihnen sympathisch oder Ihnen gar ähnlich sind. Das ist eine Versuchung. Sinn und Zweck ist es ja, Ihren Horizont zu erweitern und andere Felder des Lebens kennenzulernen, die Ihnen bisher verschlossen geblieben sind. Es ist von Vorteil, von Trends zu hören, die an Ihnen sonst vorbeigehen würden. Ebenso zahlt es sich aus, frühzeitig von »Gewitterwolken« in anderen Branchen zu erfahren, die in Ihrem Metier noch gar nicht zu sehen sind.
- Falls Sie an einem entlegenen Standort in der Provinz leben, veranstalten Sie Ihre Einladungen gegebenenfalls in der nächstgrößeren Stadt.
- Planen Sie Ihre monatlichen Einladungen terminlich weit im Voraus. Machen Sie sich fortlaufend Notizen, wenn Ihnen ein guter »Kandidat« in den Sinn kommt. Entwerfen Sie einen freundlichen Standardtext für Einladungen an Fremde.

Wenn Sie dies gelesen haben, wird unter Umständen Ihre spontane Reaktion in etwa so ausfallen: »Das ist aber mit ganz schön viel Arbeit verbunden.« Keine Sorge. Es hört sich schlimmer an, als es ist. Mit etwas Routine, vor allem, wenn sich Ihr Einladungsrhythmus und der zeitliche Vorlauf erst einmal eingespielt haben, verliert das Ganze an Schrecken. In den 1980er-Jahren hat es in New York einen Geschäftsmann gegeben, der auf diese Weise über

Jahrzehnte hinweg viele Tausende von Menschen kennengelernt hat.

Also: Organisieren Sie sich, scheuen Sie nicht den Aufwand. De facto »opfern« Sie ja nur einen sehr kleinen Teil Ihrer Freizeit: zehnmal im Jahr für jeweils fünf Gäste. Ihre Einladungen im kleinen privaten Rahmen unter Ihrer Regieführung werden Sie bereichern. Es ist nie zu spät, mit dieser Methodik anzufangen. Wenn Sie jung sind, dann warten Sie aber nicht zu lange ab. Wer mit 30 Jahren startet, hat 15 Jahre später, also im Alter von 45 Jahren, immerhin 750 Menschen »vor die Flinte« bekommen. Ihre persönliche Datenbank, die Ihnen dann während der nächsten 20 bis 30 Jahre zur Verfügung stehen wird, ist dann wirklich von enormem Wert.

Es ist zunächst sicher ein ungewohnter Schritt, der Weitsicht und Disziplin von Ihnen abverlangt. Lassen Sie sich bloß nicht von irgendwelchen dummen Kommentaren abhalten. Betrachten Sie Ihre Einladungsrunden wie einen regelmäßigen Sporttermin oder Besuch im Fitnesscenter, wie Musikunterrichtsstunden oder wie Ihre Stammtischrunde. Im Laufe der Zeit entsteht so Ihr eigener »Club« an Geschäftskontakten. Und wer weiß, vielleicht springt sogar ein weiterer »echter« Freund oder eine gute Freundin für Sie dabei heraus.

Ihr Beruf: der Dreh- und Angelpunkt

Das Eingebundensein in eine Familie (oder umgekehrt, das Sich-Freischwimmen aus beengten Familienbanden), ein lieb gewonnener Freundeskreis und auch ein noch so gutes Netzwerk nützen Ihnen allerdings wenig, wenn Sie im falschen Beruf gelandet sind. Ebenso ist es tragisch, wenn Sie zwar grundsätzlich im richtigen beruflichen Umfeld tätig sind, Ihre Fähigkeiten und Neigungen jedoch nicht entfalten können.

Es ist nun einmal so, dass wir die meiste Zeit unseres Lebens im Beruf verbringen. Schon allein aus diesem Grund sollte das Thema »Beruf« mit dem nötigen Ernst erwogen werden. Und natürlich hängt auch der Grad Ihres Wohlstandes von Ihrem beruflichen Werdegang ab. Selbst wenn Sie als Multimillionär zur Welt gekommen sind oder Sie später mit einem großen Erbe rechnen können, so ist Ihnen dringend anzuraten, auch ohne wirtschaftliche Not einer regelmäßigen beruflichen Tätigkeit nachzugehen. Ich kann diesen Punkt gar nicht genug betonen.

Für eine dauerhafte Ausgeglichenheit – für Ihren »Seelenfrieden« – brauchen Sie eine Aufgabe, eine Aufgabe, die Sie morgens veranlasst, überhaupt aus den Federn zu steigen. Über Jahrzehnte hinweg! Das wird Ihnen auf Dauer leichter fallen, wenn Sie mit Freude und einem guten Gefühl den Berufsalltag antreten. Der amerikanische Großinvestor Warren Buffett aus Omaha/Nebraska sagt über sich: *I go tip-toe dancing to the office.* Er meint damit, dass er leicht, ohne schwere Bürde auf den Schultern, einfach gerne ins Büro fährt. Und das macht er auch heute, im Jahr 2020, noch täglich im Alter von 89 Jahren.

Umso erschreckender ist es, wie lax und wenig professionell viele Familien das Thema der Berufswahl ihrer Kinder angehen. Oft ist es das trügerische Gefühl einer Wohlstandsgesellschaft, dass es ja gar nicht so darauf ankommt, welchen Beruf man auswählt. Ein gewohnt angenehmer Lebensstandard wird als gottgegeben für alle Zeit angenommen. Die Eltern scheuen unangenehme Diskussionen, vermeiden allzu oft Streitereien und möchten Ihren Kindern nicht auf die Füße treten.

Ich beobachte es immer wieder: Entweder wird viel zu schnell zu allem möglichen Unsinn an unrealistischen Berufsvorstellungen »Ja und Amen« gesagt. Oder die Eltern nehmen es lakonisch hin, dass man sich um klare Entscheidungen drückt. Dann heißt es schnell: »Unsere Tochter/unser Sohn ist ja noch so jung. Später im Leben muss sie/er ja noch so lange arbeiten. Da soll sie/er sich ruhig mal Zeit nehmen.« Ich habe es erlebt, wie daraufhin in vielen Fällen ein bis zwei Jahre ins Land gingen. De facto wurde die Zeit verbummelt und kaum etwas dazugelernt. In puncto Berufswahl war man kein Stück weiter als zuvor.

In den zurückliegenden 25 Jahren sind Hunderte von neuen Berufen entstanden. Das Angebot an Berufsausbildungsmöglichkeiten hat gigantische Ausmaße angenommen: Lehrberufe, duale Studiengänge, Fachhochschulen, neue Universitätsstandorte und Privatuniversitäten sind wie Pilze aus dem Boden geschossen – und das alles über die Landesgrenzen hinweg, global erreichbar. Die jungen Menschen sind angesichts einer solch unübersichtlichen Vielfalt komplett überfordert.

Ihre Schutzbefohlenen in einem solchen Universum mit den Themen der Wahl des Berufes und des Ausbildungsweges »im Regen stehen zu lassen«, ist unverantwortlich. Ein Bekannter von mir handelte vor ein paar Jahren bei seiner Tochter nach der alten Devise: »Tut mir leid, die ist jetzt alt genug. Nach der Schule muss sie halt selber sehen, wie sie zurechtkommt. So musste ich das ja auch damals machen.« Von einer solchen antiquierten Einstellung rate ich ab. Als Eltern gehen Sie ein hohes Risiko ein. Bei meinem Bekannten ist es jedenfalls mit der Tochter im Alleingang gründlich danebengegangen.

Vor 30 oder 40 Jahren war das noch anders. Die realistischen Ausbildungsmöglichkeiten lagen sozusagen vor der Haustür, und obendrein war das Angebot recht limitiert. Da war es in dem einen oder anderen Fall durchaus vertretbar, die Kinder aufs Geratewohl ziehen zu lassen. Die Zeiten sind vorbei. Die Aussichten in vielen Berufen sind so gut wie noch nie. Ihre Kinder haben beste Chancen, davon zu profitieren. Dazu müssen sich aber alle Beteiligten mit Engagement und Nachdruck frühzeitig um das Thema kümmern, gegebenenfalls unter Hinzuziehung professioneller Unterstützung – und dies umso mehr, als von den Lehrern, angesichts ihrer eigenen fehlenden Berufserfahrung in der außerschulischen Welt, nur selten Hilfe zu erwarten ist.

1. Ausbildung – mit viel Bedacht auswählen

Die erste entscheidende Weichenstellung für Ihr Berufsleben wird durch die Wahl der Berufsausbildung bestimmt. Deshalb empfehle ich dringend, dieses Thema nicht dem Zufall zu überlassen.

Die Kunst liegt darin, Ihre ureigenen Fähigkeiten und Begabungen in Einklang zu bringen mit Ihrer eigentlichen Neigung und Veranlagung. Sie müssen beide Elemente herausfinden. Erst danach haben Sie eine gute Chance, den richtigen Berufsweg einzuschlagen. Die Grundlage dafür bildet dann eine entsprechend optimal auf Sie abgestimmte Ausbildung.

Begabung einerseits und Veranlagung andererseits sind zwei Paar Schuhe. Was meine ich damit? Drei Beispiele zur Veranschaulichung:

- Sie mögen vielleicht von einer Karriere als Berufsmusiker träumen, doch reicht Ihr Talent für eine erfolgreiche professionelle Laufbahn?
- Von klein auf haben Sie sich schon immer als Pilot gesehen und erfüllen auch die nötigen Voraussetzungen, doch im Grunde Ihres Wesens sind Sie durch und durch extrovertiert veranlagt. Mit hoher Wahrscheinlichkeit können Sie sich später – trotz hoher Bezahlung und großem Erfolg – gar nicht erklären, warum Sie »da vorne im Cockpit« eigentlich nicht so richtig glücklich sind.
- Sie lieben Tiere und haben mit Bravour ein Praktikum beim Tierarzt absolviert, den Numerus clausus zur Zulassung des Veterinärstudiums haben Sie auch geschafft, und dennoch ist Ihnen von dem Tierarztberuf unbedingt abzuraten. Warum? Weil bei Ihnen im tiefsten Inneren die Fähigkeit zu echter Empathie und Hilfeleistung überhaupt nicht ausgeprägt ist. Wenn die erste Begeisterung verflogen ist, wird dieses Manko sich im Laufe eines langen Berufslebens in irgendeiner Form negativ bemerkbar machen.

Mein Rat an alle Eltern und Jugendlichen, aber auch an diejenigen, die beruflich etwas verändern wollen: Holen Sie sich professionelle Hilfe. Als Amateur werden Sie diesem komplexen Thema der Analyse einer Persönlichkeit und ihrer Befähigungen nicht beikommen. Erkundigen Sie sich beispielsweise nach erstklassigen Berufsberatern. Holen Sie aber unbedingt Referenzen ein. In der Branche gibt es gravierende Qualitätsunterschiede und auch schwarze Schafe. Sparen Sie also nicht an der falschen Stelle.

Meine Familie hat beste Erfahrungen mit einer sehr engagierten älteren Berufsberaterin gemacht. Ich werde nie vergessen, wie verzweifelt mein Neffe ein Jahr vor seinem Abitur war. Er hatte nicht die geringste Vorstellung, welchen Beruf er ergreifen sollte. Und noch auf der Fahrt zur Berufsberaterin hielt er es für unmöglich, dass da eine Lösung gefunden werden könnte. Und doch: Nach einer zweitägigen exklusiven Arbeitssitzung kamen die Berufsberaterin und er zu einem konkreten Ergebnis: kein Studium, sondern eine Exportkaufmannslehre. Im Rückblick, Jahre später, kann ich heute sagen: Für meinen Neffen war diese Entscheidung ein Volltreffer, die ihn auf den richtigen Weg gebracht hat.

Ganz egal, wie Sie selbst oder Ihre Familie mit der Wahl einer Ausbildung umgehen, vor einem sollten Sie sich hüten; Versteigen Sie sich bei aller Liebe zu Gefühlen und Neigungen nicht zu irgendeinem »Firlefanz«. Das Leben ist kein Wunschkonzert, es ist voller Unsicherheiten und Veränderungen. Die Reise ist lang – länger als ein Marathon. Verlassen Sie sich nicht auf eventuell vorhandene Wohlstandspolster oder finanzielle Rücklagen.

Unsere Berufsberaterin, Frau Dr. H., bringt es gleich zu Anfang der Gespräche immer auf den Punkt: Der gewählte Berufsweg muss einen in die Lage versetzen, ein Leben lang

- die Miete,
- die Krankenkasse und
- das Essen

bezahlen zu können; und zwar jeden Monat. Das klingt lapidar und einsichtig. Sie würden aber staunen, bei wie vielen Familien dieser Aspekt völlig unter den Tisch fällt. Vor lauter Stolz auf die strebsame Tochter oder den tüchtigen Sohn wird jegliche Überlegung auf realistische Berufschancen außer Acht gelassen.

Es ist geradezu ein Verbrechen, welcher Unsinn an manchen Universitäten da vom Stapel gelassen wird. Ich erinnere mich an einen Tag der offenen Tür bei einer renommierten Universität im Westen Deutschlands. Es ging darum, Studentinnen und Studenten für das Studium »English Studies« zu gewinnen. Die vortragende Professorin riet allen Anwesenden dringend zu einem Studium und behauptete allen Ernstes, dass es bei Akademikern so gut wie keine Arbeitslosigkeit gäbe. Auf die Frage, welchen Beruf man nach dem Studium der English Studies ergreifen könne, erhielten wir die Antwort: »Damit kann man in idealer Weise Politiker werden.« Nun, ich bin kein Prophet und möchte niemandem zu nahetreten, aber ich war über diese Aussage doch entsetzt.

Sie müssen sich eines vor Augen halten: Staatliche Ausbildungsanstalten, wie Fachhochschulen und Universitäten, befinden sich in einem gnadenlosen Wettbewerb mit privaten Ausbildungsträgern. Beiden gemeinsam wiederum ist der »Hass« auf die klassische Ausbildungslehre. Diese wird eifersüchtig beäugt. Die Medienarbeit gegen eine praktische Lehrausbildung funktioniert entsprechend gut. Jahr für Jahr strömen junge Menschen in die abstrusesten Studienrichtungen, und immer weniger Schulabgänger entscheiden sich für eine zwei- bis dreijährige Lehre. In einer Mischung aus Verblendung und Dünkel-Denken wird dieser Trend zu rein theoretischen und akademischen Studien von den meisten Eltern nicht hinterfragt.

So kommt es, dass viele junge Menschen erst im Alter von 25 bis 27 Jahren zum ersten Mal dem echten Berufsleben ausgesetzt sind; zuvor gab es nur Schulbank und Theorie. Die viel gerühmten Praktika oder Volontariate zwischendurch sind kein Ersatz für einen dauerhaft erlebten Berufsalltag. Im Gegenteil, oftmals erweisen sich Praktika geradezu als fatal. Nicht selten landen Studenten in den Semesterferien vielleicht in einer »blöden« Abteilung mit schlechter Betriebsatmosphäre. Dort haben sie nichts zu tun und langweilen sich. Das Fazit nach acht Wochen Praktikum lautet: »In den Beruf oder in diese Berufsrichtung gehe ich bestimmt nicht.«

Die Ausbildung ist die Grundlage für alles Weitere, was später im Beruf folgt. Deshalb sollte man bis zu seinem 30. Lebensjahr nicht so sehr auf Einkommenssteigerung oder Beförderungsaussichten achten. Es geht vielmehr darum, sich eine möglichst breite Basis an Know-how und Erfahrung zu schaffen. Haben Sie den Mut, eigene Wege zu gehen. Unterstützen Sie junge Menschen dabei, sich eine gute Ausgangsbasis zu verschaffen. Es ist die Zeit der »Investition« in die Zukunft.

Jeder Berufszweig hat natürlich seine eigenen Regeln und unterschiedliche Vorgaben, an denen Sie kaum vorbeikommen. Aber in vielen Berufen gibt es in Bezug auf die Ausbildung mehr Spielraum und ein größeres Spektrum an Vorgehensweisen, als Sie denken.

Hierzu einige Anregungen für mögliche Ausbildungswege zum Nachdenken:

- Lehre und anschließende »Wanderjahre«, um möglichst unterschiedliche Firmenkulturen und Arbeitsweisen innerhalb einer Branche kennenzulernen. Lernen Sie bei richtig guten Firmen oder Institutionen;
- Lehre und danach Studium;
- Bachelor-Studium und danach nicht sofort den Master-Studiengang dranhängen, sondern erst einmal Arbeitserfahrung sammeln. Vielleicht ergibt sich daraus die Einsicht, lieber einen weiteren Bachelor-Studiengang zu absolvieren;
  - Also ein Doppelstudium: Bachelor + Bachelor;
- Oder Sie erkennen, dass es Sie zu einer zusätzlichen praktischen Ausbildung drängt, um in einer Branche richtig Fuß fassen zu können;
  - Also: Bachelor + danach eine Lehre;
- Ein zusätzliches »Eigenstudium«: Wenn Sie bereits einen ersten Ausbildungsabschnitt erfolgreich absolviert haben und Ihnen auf bestimmten Gebieten eine Wissensvertiefung an den klassischen Ausbildungsanstalten nicht geboten wird, dann nur Mut. Organisieren Sie sich eben selbst. Warum nicht drei Monate mit einem Koffer voller Fachbücher und Internetrecherchen auf eine Berghütte oder an den Strand? In vielen Punkten werden Lehrer, Dozenten, Professoren und Zertifikate überschätzt. Diese besitzen ja kein »Lernmonopol«. Mit Eigendisziplin kommen Sie manchmal als ergänzende Fortbildungsmaßnahme weiter. Unter Umständen verleiht es Ihrem Selbstbewusstsein und Ihrem

Branchenfachwissen den letzten »Kick«. Denken Sie einmal darüber nach.

Sicher fallen Ihnen viele andere Möglichkeiten ein. In jedem Fall sollten Sie nach Exzellenz und überdurchschnittlichem Tiefgang auf Ihrem Ausbildungsweg streben. Es ist nie zu spät. Und noch eines: Lassen Sie es nicht an den Finanzen scheitern. Wenn Ihre Ausbildungsschritte auf Ihre Person bezogen gut durchdacht sind und Sinn ergeben, dann haben Sie auch gute Chancen, Finanzierungsmöglichkeiten zu finden. Das garantiere ich Ihnen.

2. Die Weichen richtig stellen

Ihre Ausbildung ist abgeschlossen, die ersten Berufsjahre liegen nun hinter Ihnen, das ist die Zeit, in der es »um die Wurst« geht. Sie oder Ihre Lieben stehen nun an einem entscheidenden Punkt, was die Zukunft betrifft. Anstatt sich weiter dahintreiben zu lassen, auf Fahrbahnen, die vor Ihnen liegen, anstatt über Jobwechsel (aus Frust) nachzudenken oder auf Gehaltserhöhungen zu pochen, sollten Sie es schaffen, einmal innezuhalten. Nehmen Sie sich Zeit, nur über sich nachzudenken. Finden Sie heraus, ob Sie in der Lage sind, eine »Berufung« zu spüren. Die Engländer sagen dazu *to find your calling in life*. Vielleicht nehmen Sie sich ein ganzes Wochenende frei und fahren in eine schöne Stadt, in der Sie noch nie waren, am besten freitags hin und montags zurück. Und dort zwingen Sie sich, die Zeit ohne jegliches Programm zu verbringen: keine Telefonate, keine WhatsApp-Kommunikation, nur Sie, die fremde Stadt und das Hineinfühlen in Ihre Situation. Wen lernen Sie da in der Eigenschau kennen? Sind Sie im richtigen Tätigkeitsfeld angesiedelt? Holen Sie mit Abstand und in Ruhe tief Luft.

Ein Freund von mir hat es einmal sehr hart formuliert: »80 Prozent der Menschheit gehören de facto zur Manövriermasse.« Er hat leider recht. Die meisten Menschen »werden gelebt« oder vom Schicksal – gut oder schlecht – vorangeschoben. Seien Sie also auf der Hut: Wenn Sie dem Leben beizeiten Ihre Wünsche nicht kundtun, dann wird das Leben Ihnen bald zeigen, was es Ihnen zugedacht hat.

Dabei haben Sie so viele Möglichkeiten, Ihren Berufsweg zu gestalten. Jedoch fehlt den meisten die Vision, das Zutrauen oder schlicht und einfach die Fantasie. Die ersten Jahre, also Ausbildung und Berufsanfang, sagen ja noch gar nichts darüber aus, wie es auf Ihrem Lebens- und Berufsweg weitergehen sollte.

Jeder von Ihnen ist mit einer inneren »Berufung« zur Welt gekommen. Aber wenn Sie nicht achtgeben, wird das kleine verborgene Pflänzlein vom Alltag zugeschüttet und niedergetrampelt.

Was heißt das konkret? Ganz gleich, in welchem Metier Sie arbeiten, sollten Sie sich eine simple Frage stellen: Wo und wann fühle ich mich eigentlich am wohlsten?

- An meinem Schreibtisch, in der Lagerhalle oder im Konferenzraum?
- Wenn ich unterwegs bin zu einem Kunden?
- Wenn ich alleine ungestört arbeiten kann?
- Wenn ich anderen etwas erzählen und erklären darf?
- Wenn ich wichtige Entscheidungen treffen muss (oder habe ich dann schlaflose Nächte)?
- Draußen an der frischen Luft oder lieber im Büro mit anderen zusammen?

Was ist nun die Konsequenz für Sie in der pragmatischen Umsetzung? Ziehen Sie die richtigen Schlüsse aus Ihrer Befindlichkeit. Nur weil Sie bislang beispielsweise als Chemiker im Labor eines Pharmazieunternehmens arbeiten, heißt das noch lange nicht, dass Sie diese Tätigkeit fortsetzen müssen. Vielleicht sind Sie besser in der Personalabteilung aufgehoben? Oder Sie wechseln zu einem wissenschaftlichen Fachverlag und arbeiten dort als Lektor. Eventuell sollten Sie sich auf eine Stelle im Außendienst bewerben und werden eines Tages Vertriebsdirektor.

Lassen Sie sich also von den ersten Perspektiven in Ihrem Berufsfeld nicht einschränken. Den Horizont erspüren Sie in sich selbst nach ein paar Jahren mit Berufserfahrung. Und der Ausblick ist weit. Leider erkennen dies nur wenige Menschen. Deshalb lassen sich ja auch so viele von einer Lehrausbildung abhalten, da sie irrtümlicherweise glauben, mit einem Studium kämen sie weiter und würden mehr verdienen.

Zur Veranschaulichung: Sie absolvieren eine Lehre/Ausbildung zum Hörgeräteakustiker. Dies habe ich einigen jungen Menschen angesichts der guten Wachstumsaussichten der Branche vorgeschlagen. Was bekam ich zu hören? »So ein langweiliger Beruf. Da im Laden verdiene ich doch nichts. Und jeden Tag mit alten Menschen zu tun zu haben ...«

Sehen Sie, da genau liegt die Krux. Die Menschen denken zu kurz. Denn es liegt ja allein an Ihnen und Ihrer Berufung, woran Sie Freude haben und worauf Sie »brennen«. Sind Sie ehrgeizig oder eher träge? Und was machen Sie daraus?

Schauen wir uns ein paar Möglichkeiten an, die zum Beispiel Hörgeräteakustikern offenstehen:

- Der Standardweg: Sie werden Verkäufer und Berater im Hörgeräteeinzelhandel.
- Sie streben an, Regionalleiter einer Hörgerätekette zu werden.
- Sie werden interner Schulungsleiter für neue Mitarbeiter.
- Sie machen sich nach einer Weile mit einem eigenen Laden selbstständig oder werden ein Franchisenehmer.
- Sie sind innovativ und ein Tüftler. Sie verlegen sich auf das Erfinden im Hörgerätebereich.
- Sie haben Talent zum Organisieren und sind eine geborene Führungskraft. Ihre Karriere könnte beispielsweise so aussehen: Nach einer Zusatzausbildung im internationalen Management werden Sie zunächst Landeschef einer Hörgerätevertriebsfirma, dann Europachef und eines Tages sogar Generaldirektor.
- Nach mehreren Jahren als Expansionsleiter verlassen Sie die Hörgerätebranche und werden Vertriebschef in einem E-Commerce-Unternehmen.

Oder nehmen wir als ein weiteres Beispiel die Ausbildung zum Koch. Natürlich können Sie in Ihrem Ausbildungsbetrieb nach Abschluss der Lehre weiterarbeiten. Aber das muss ja nicht unbedingt so sein. Als Alternative kämen vielleicht folgende Möglichkeiten in Betracht:

- Vom Nobelrestaurant können Sie zu einem Kantinenbetrieb wechseln und haben abends frei.
- Sie können eine internationale Hotelkarriere anstreben. Nach oben ist der Weg bis in die höchste Spitze für Sie offen.
- Vielleicht zieht es Sie aber gar nicht in die weite Welt und Sie machen sich vor Ort als Caterer oder Restaurantbesitzer selbstständig.
- Sie ziehen eine Kette von Imbissbuden auf.
- Sie wechseln zu einem Großküchengerätehersteller und arbeiten dort im Vertrieb.
- Sie werden Regionalfachberater bei einer Spezialreinigungsfirma, die auf Küchen, Kantinen und Hotels spezialisiert ist.

Ihre jeweilige Grundausbildung macht Sie zu einem begehrten Mitarbeiter. Gehen Sie es also ruhig an. Die Zeit arbeitet für Sie. Lernen

Sie erst einmal das Einmaleins Ihrer Branche. Testen Sie sich und Ihr Können sowie Ihr Stehvermögen. Leisten Sie gute Arbeit. Und dann kommt die Zeit, in der Sie die Weichen stellen. Erst dann wissen Sie auch, wer Sie eigentlich sind und wo Sie sich am besten entfalten können und wollen.

3. Trauen Sie sich mehr zu

Bescheidenheit ist eine Tugend. Aber sie führt häufig dazu, dass man es im Beruf zu zaghaft angeht. Vor allem mangelt es an Zutrauen beim Träumen und Entwickeln von eigenen Visionen. Die Ziele werden zu eng gesteckt. Aus Dankbarkeit, überhaupt einen Job zu haben, vernachlässigt man den Blick über den Zaun. Der Alltag frisst einen quasi auf. Man ist froh, wenn man unbeschadet über die Runden kommt.

Wenn ich mit Altersgenossen zusammensitze, die in den unterschiedlichsten Berufen überdurchschnittlich erfolgreich vorangekommen sind, dann stellen wir seit einigen Jahren im Rückblick unisono fest: »Wir waren in jungen Jahren viel zu kleinkariert und hatten zu viel Respekt. Wir haben gar nicht kapiert, wie rar wirklich gute Leute sind und wie viel für die richtig guten Leistungsbringer im Job drin ist. Da hätte man viel früher beherzter zuschlagen können.«

Die meisten Fehlschläge in der Entwicklung der Berufslaufbahn kommen meiner Ansicht nach nicht dadurch zustande, dass man zu groß oder zu weit gedacht hat. Ganz im Gegenteil: Meistens lag es daran, dass man die Sache zu zögerlich angegangen ist. Man hat die Prioritäten im Alltag falsch gesetzt: Statt auf das große Geschäft zu achten, statt zu den wirklich wichtigen Leuten zu gehen, ist man im »Klein-Klein« hängen geblieben. Es wäre längst an der Zeit gewesen, sich um den großen Wurf zu bemühen. Was ich sagen möchte, ist: Die Risiken in Ihrer Karriere liegen meist nicht in der weiten Perspektive, sondern im fehlenden Selbstbewusstsein und in einer falschen Selbsteinschätzung.

Wenn die Zeit reif ist, Sie genug gelernt haben und über den Durchblick verfügen, wie es in Ihrem Beruf wirklich abläuft, dann müssen Sie anfangen, in anderen Kategorien zu denken. Sie brauchen auch nicht länger die Sorge mit sich rumzuschleppen, »Hochmut kommt vor dem Fall« oder andere Sprüche dieser Art. Es geht ja nicht darum, arrogant aufzutreten. Sie sollen auch nicht Ihre Zeit damit verbringen, permanent Ihren eigenen Kronleuchter zu putzen. Aber wenn Sie ein Könner und ein Experte auf Ihrem Gebiet geworden sind, dann sollten Sie mit Mut und weitem Horizont voranschreiten. In Amerika lautet hierzu das Motto: *Think big, act big.*

Ich habe dazu ein schönes Beispiel aus der Zucker- und Kakaobranche. In den 1980er-Jahren war ein renommiertes internationales Handelshaus in London in eine enorme Schieflage im Kakaohandel geraten. Man hatte sich in der Einschätzung der Preisentwicklung gewaltig verspekuliert. Es drohten langjährige Verlustaussichten. Das Management fühlte sich überfordert, unter den eigenen Mitarbeitern herrschte blankes Entsetzen.

In dieser Notsituation meldete sich einer der Kunden des Handelshauses, der mit einem sehr viel kleineren Geschäft im Kakao-Business tätig war. Er bot dem Londoner Generaldirektor an, das Problem zu lösen. Er würde sich auf einen Zeitraum von zwei Jahren einbringen, um die Schieflage zu beseitigen. Als Gegenleistung verlangte er im Erfolgsfall eine enorme Gewinnvergütung und eine Beteiligung am Unternehmen selbst. Das Londoner Kakaohandelshaus stand mit dem Rücken an der Wand und akzeptierte.

Es war die richtige Entscheidung gewesen. Die Sanierung gelang und wurde ein voller Erfolg. Ich habe damals den erfolgreichen Sanierer persönlich kennengelernt. Er war gerade mal 45 Jahre alt. Sein Selbstbewusstsein, seine Initiative und sein Mut sowie seine richtige Einschätzung der Gesamtsituation haben ihn zu einem reichen Mann gemacht. Es war der Beginn einer großen Unternehmerkarriere.

Es ist im Beruf und Geschäft immer das Gleiche. In brenzligen und kritischen Situationen wird gefragt: »Wer übernimmt die Aufgabe? Wer traut es sich zu? Wer hat so etwas schon einmal erfolgreich erledigt?« Wenn Sie diejenige oder derjenige sind, der dann die Hand hebt und sich mit lauter Stimme im Konferenzsaal mit »Ich schaffe das, ich kann das« meldet, dann mache ich mir um Ihr Fortkommen keine Sorgen. Und im anderen Fall, wenn Sie noch nicht so weit sind? Nun, dann wissen Sie ja jetzt, worauf es ankommt. Sehen Sie zu, dass Sie in die Rolle des Experten schlüpfen. Auch wenn es etwas Zeit braucht, der Weg wird sich lohnen.

4. Sind Sie auf dem richtigen Arbeitsacker?

Bevor Sie zum großen Wurf ausholen, sollten Sie zwei wichtige Fragen beantworten. Zum einen: Sind Sie überhaupt am richtigen Standort? Zum anderen: Befinden Sie sich im richtigen Berufsumfeld? Das nenne ich Ihren »Arbeitsacker«. Wenn der auf Sicht nicht stimmt, dann bleibt wahrscheinlich vieles für Sie unerreichbar. Da können Sie sich abrackern, wie Sie wollen.

Zum Standort

Eine Bekannte von mir hat vor Jahren eine psychologische Privatpraxis in einer mittleren Kreisstadt eröffnet. Sie rechnet auf Honorarbasis ab. Kassenärztlich sind ihre Leistungen nicht verrechenbar. Der Standort wurde aus familiären Gründen gewählt. Trotz beeindruckender Fachkenntnis sowie einer angenehmen und kompetenten Persönlichkeit bleibt der Erfolg aus. Woran liegt es? In dem Ort ist die Kaufkraft einfach nicht vorhanden. Bei den meisten Einwohnern handelt es sich um junge Ehepaare mit kleinen Kindern, die hohe monatliche Beträge zur Finanzierung ihrer Reihenhäuser aufbringen müssen. Da bleibt kaum Geld übrig für freiwillige Therapiesitzungen. – Wie die Praxis wohl am Zürichsee oder in München-Nymphenburg laufen würde?

In vielen Branchen kann man Standortnachteile durch Auftritt in den sozialen Medien, durch digitale Dienstleistungen oder Geschäftsreisen ausgleichen. Aber eben nicht in allen. Analysieren Sie Ihren Fall genau und wägen Sie ab, wo Sie Ihre räumliche Priorität setzen wollen – im privaten oder im beruflich orientierten Bereich.

Zum beruflichen Umfeld

Gehen Sie nüchtern mit sich ins Gebet. Passen Sie wirklich in idealer Weise in Ihr berufliches Umfeld? Sie würden staunen, wie viele Menschen sich jahrelang, oftmals sogar ein Leben lang, auf dem falschen »Acker« abmühen. Gehen wir einmal einige Berufskategorien durch und betrachten diese idealtypisch. Überprüfen Sie, zu welcher Gruppierung Sie eigentlich passen.

– *Der Selbstständige*
  Idealerweise arbeitet der Selbstständige »selbst« und »ständig«. Er zieht seine Freude aus der Freiheit, keinem Chef Rede und Antwort stehen zu müssen. Er liebt die Tätigkeit in seiner Branche, ihn erfüllt das »Tun«. Er kann gut ohne einen festen Monatslohn leben. Das raubt ihm nicht den Schlaf. Er hat oft Sorgen, ist abhängig von Kunden und Lieferanten, lebt aber im Grunde angstfrei. Seine Expansionspläne bleiben limitiert, da letztlich alles an seiner Person hängt.
– *Der Unternehmer*
  Er liebt sein Metier, geht darin völlig auf, ist mono-fokussiert auf seine Firma und deren Wohlergehen. Seine Stärke liegt in der Fähigkeit, gute Angestellte für sich und sein Unternehmen zu gewinnen. Er delegiert die Aufgaben an die richtigen Mitarbeiter. Je mehr er abgeben kann, umso wohler fühlt er sich. Unter einer immer größeren Verantwortung für Umsatz, Finanzen und Mitarbeiter blüht er auf. Er empfindet diese nicht als Last. Fast alles ist für ihn erreichbar, wenn er Glück und genug Zeit hat.
– *Der Beamte*
  Eine bewusste Entscheidung zum Schritt in die ultimative Sicherheit, vor allem in puncto Altersversorgung. Dafür werden in gewissem Rahmen Mobilität und Freiheit der beruflichen Entfaltung aufgegeben. Gehorsam und Fügsamkeit in ein vorgegebenes System sind unverrückbar. Ein Ausbruch aus der Welt der Beamtenordnung ist für den Betroffenen nicht so einfach und kommt in der Regel nur selten vor.
– *Der Berater*
  Beflügelt von dem Wunsch, sein Wissen anderen zukommen zu lassen, aber letztlich nicht die Verantwortung schultern zu müssen – so könnte man vereinfacht die Tätigkeit eines Beraters beschreiben. Gute Berater setzen sich gerne mit den Belangen anderer Menschen auseinander. Sie besitzen eine vertrauensgewinnende Persönlichkeit. Wem die Beschäftigung mit Themen anderer Menschen keine Freude macht, der sollte besser ein anderes Tätigkeitsfeld wählen.

- *Der Angestellte in der Großorganisation*
  Ein Mindestmaß an Leistung ist unbedingt erforderlich, wenn es um Berufslaufbahnen in Konzernen oder Weltorganisationen geht. Der eigentliche Dreh- und Angelpunkt für ein gutes Fortkommen liegt jedoch in der Fähigkeit, sich politisch wendig auszurichten. Es kommt sehr darauf an, sich intern in die richtigen »Seilschaften« zu begeben. Leistung allein reicht überhaupt nicht aus, im Gegenteil: Wer nicht richtig mitschwimmt, wird schnell am Ufer zurückgelassen. Moralisch-ethische Prinzipien sind auf dem Weg nach oben eher hinderlich. Wie sagte schon unsere Berufsberaterin, Frau Dr. H., vor vielen Jahren zu meinem Sohn: »Mein Junge, in Großkonzernen sind andere Menschen, da gehören wir nicht hin.«
  Noch eine Anmerkung: Eine trügerische Falle ist die Flucht in die Scheinsicherheit. Angesichts der Größe mancher Organisationen scheint die Gefahr einer materiellen Unsicherheit nicht zu existieren. Dort, wo zigtausende Menschen beschäftigt werden, gibt es viele Mitarbeiter, die gar nicht begreifen, dass ihr Monatsgehalt vom tagtäglichen Kampf an der Verkaufsfront abhängt. Sie wollen gar nicht wahrhaben, wie gefährlich der Konkurrenzkampf im Markt ist und dass es sie eines Tages den »sicheren« Konzernjob kosten könnte. In den Hochhäusern der Konzernzentralen kriegen sie nichts davon mit. Viele Mitarbeiter von multinationalen Konzernen leben wie in einem eigenen Mikrokosmos, losgelöst von der Außenwelt. Ich denke, so muss es auch in der römischen Armee zu Zeiten von Julius Caesar zugegangen sein.
- *Der Angestellte in mittleren und kleineren Betrieben*
  Anders verhält es sich in Privatunternehmen mittlerer oder kleinerer Größenordnung. Auch hier geht es nicht ohne Leistung. Entscheidend sind aber hier die unbedingte Loyalität und der Respekt vor dem Eigentümer. Demokratische Überlegungen gibt es hier nicht. Der Eigentümer ist der eigentliche Chef, auch wenn er sich eine ganze Riege von Geschäftsführern leistet. Machen Sie sich keine Illusionen: Sie leben dort immer in einer Zweiklassengesellschaft: Angestellte hier, Eigentümer dort.
  Der Eigentümer – zu Recht oder zu Unrecht – wird letzten Endes immer den Ton angeben. Ändern werden Sie ihn und seine Art

der Unternehmensführung kaum. Ordnen Sie sich ins Gefüge ein und stehen Sie den Eigentümern als treuer Paladin zur Seite, dann haben Sie Chancen, ungeschoren davonzukommen. Das ist vielleicht ein wenig hart ausgedrückt, trifft aber nach meiner Erfahrung den Nagel auf den Kopf (löbliche Ausnahmen bestätigen natürlich die Regel).
Ein kurzer Hinweis: Sie werden sehr schnell merken, ob Sie in einer Firmenkultur als bunter Papagei unter die Spatzen geraten sind. Eines kann ich Ihnen versichern: Der Papagei ist auf Dauer nicht willkommen. Machen Sie sich da nichts vor.

- *Der Politiker*
  Wer nirgends gut zurechtkommt und an sich wenig kann, muss nicht verzagen. Für ihn bleibt immer eine Karriere in der Politik möglich. Wortgewandtheit, ein dickes Fell und Freude an der Macht ermöglichen geduldigen Menschen interessante Perspektiven als Politfunktionär. Mein indischer Freund, ein Geschäftsmann aus London, berichtet mir von seinem alten Vater in Indien, der ihm immer schon eingebläut hat: The best business is politics.

Wahrscheinlich fallen Ihnen noch eine ganze Reihe anderer Berufsfelder ein. In jedem Fall haben Sie immer eine Wahl: Wollen Sie Ihren Beruf mit Rückenwind oder mit Gegenwind angehen? Bevor Sie jahrelang wie ein Hamster im Käfig strampeln und sich wundern, warum es so hakt und bei anderen wie von Zauberhand läuft, denken Sie mal über Ihren aktuellen »Arbeitsacker« nach.

5. Der grosse Tanker

Wenn Sie sich in Ihrer beruflichen Tätigkeit richtig positioniert haben und alles endlich im Lot ist, dann behalten Sie weiter Ihren Verstand eingeschaltet. Verfallen Sie bitte nicht in den Alltagstrott. Bleiben Sie bei aller Fokussierung und bei allem Engagement für das Detail hellwach, denn das Leben hält wahrscheinlich viel mehr für Sie bereit, als Sie heute vielleicht ahnen. Ich bin überzeugt, dass es für jeden von uns einen »großen Tanker« gibt. Was meine ich damit?

Ich habe das Bild des großen Tankers vor Jahren zur Veranschaulichung selbst entworfen. Im Leben verhält es sich in etwa so: Wir liegen entspannt an einem wunderschönen Strand. Der Sand ist warm, die Sonne scheint, es duftet gut, die Palmen spenden angenehmen Schatten. Das Meer ist ruhig, flach, fast wie ein Spiegel, und es gibt so gut wie keine Wellen. Wir haben nichts zu tun und dösen vor uns hin. Die Temperatur steigt, es ist Hochsommer. Am Horizont tut sich nichts ... Da, auf einmal! Ganz langsam von links über dem Meer zieht ein großer Schatten auf. Was ist das? Ein Tanker, ein riesiger Tanker fährt leise vorüber, wie aus dem Nichts. Er schleicht geradezu lautlos. Es dauert eine ganze Weile, bis er rechts am Horizont an uns vorbeigefahren ist. Und dann ist er verschwunden, am Strand ist wieder alles so, als hätte es den Tanker nie gegeben.

Nun, die einen bemerken und sehen den Tanker wachen Auges. Andere wiederum sehen den Tanker zwar, machen sich aber keinerlei Gedanken darüber. Und wiederum andere haben den Tanker weder gesehen noch bemerkt. Sie hatten die Augen zu.

Und so verhält es sich im Leben. Der US-Investor Warren Buffett benutzt das Bild eines Zehner-Tickets. Er glaubt, dass man zehnmal im Leben eine überdurchschnittlich große Chance erhält. Das ist mir zu optimistisch. Ich glaube an den großen Tanker. Einmal im Leben ist er am Horizont für uns zu sehen, und wir können ihn greifen. Einmal präsentiert sich eine ganz außergewöhnliche Gelegenheit, die unser Leben substanziell verändern kann. Je aktiver, je kompetenter und je erfahrener wir in unserem Beruf sind, umso höher ist die Wahrscheinlichkeit, dass wir die Chance des Tankers auch »erfassen« und nutzen können. Es geht darum, zielsicher die

Gelegenheit beim Schopf zu ergreifen. Denn der Tanker kommt kein zweites Mal vorbei. Da ist das Leben unerbittlich.

Dazu eine passende Geschichte aus dem wahren Leben: In den 1990er-Jahren habe ich in Australien einen Teil der Gandel-Familie kennengelernt. Der Vater, John Gandel, 1935 in Melbourne geboren, übernahm in jungen Jahren das Textilgeschäft seiner Eltern. Zusammen mit seinem Schwager Marc Besen baute er das Kleidergeschäft zu der erfolgreichen Textilkette »Sussan« aus, mit schließlich über 200 Filialen. Das war Anfang der 1980er-Jahre. In dieser Zeit setzte eine Immobilienkrise enormen Ausmaßes in Australien ein. Die Kreditzinsen schnellten in die Höhe und die Immobilienpreise fielen ins Uferlose.

In dieser extrem angespannten Situation sah John Gandel eine gewaltige Chance. Ein Leben lang hatte er mit seinen Kleiderläden jeden Monat Mieten zahlen müssen. Nun wollte er auf die andere Seite des Tisches wechseln und nur noch Mieten einnehmen. 1983 erwarb er vom Handelskonzern Myer Emporium in Melbourne ein riesiges Shopping-Center (Chadstone) zum Ausverkaufspreis von 37 Millionen Australischen Dollar. Zur Finanzierung verkaufte er seinen Anteil an der Familientextilfirma an seinen Schwager.

Dieser mutige Schritt, mitten in einer der schwärzesten Stunden der Immobilienbranche, war der Anfang eines beispiellosen Aufstiegs. Innerhalb weniger Jahre baute John Gandel mit seinem Team von kompetenten Angestellten das Shopping-Center zum größten von Melbourne aus. Mit Fleiß und Beharrlichkeit folgten weitere Akquisitionen. Schon im Jahr 2002 war John Gandel mit einem Vermögen von 3,4 Milliarden zu einem der reichsten Männer Australiens aufgestiegen. Inzwischen, im Jahr 2019, wird sein Vermögen auf 6,6 Milliarden Australische Dollar geschätzt.

Als Erfolgsformel empfehle ich Ihnen mein »Traum-Vision-Ziel-Muster«. Ich finde, an dem schönen Beispiel von John Gandel kann man es gut veranschaulichen:

- Traum – Träume darf man sich erlauben. Sie unterliegen keinem Verfallsdatum.
  (Im Fall John Gandel: raus aus dem Familieneinzelhandel und als Immobilienmogul steinreich werden)

- Vision – die konkrete Vision leitet sich aus dem Traum ab. Meine Visionen haben immer eine zeitliche Perspektive von 15 Jahren und sind strategischer Natur.
  (Im Fall John Gandel: ein Shopping-Center-Imperium aufbauen)
- Ziel – Ziele sollten immer mit einem pragmatischen Herangehen an die Sache verbunden sein und sind bei mir grundsätzlich auf drei Jahre zeitlich abgesteckt.
  (Im Fall John Gandel: konsequent in der Stunde »null« zuschlagen, Kauf zum Dumpingpreis, Sanierung beginnen)

John Gandel ist kein Einzelfall. Er ist auch kein Genie. Sicher kennen auch Sie Menschen, denen dank Initiative viel gelungen ist. Der Erfolg muss ja nicht immer solch gigantische Dimensionen annehmen wie im Fall Gandel.

Zum Beispiel gibt es ehemalige Lehrer, die den Mut hatten, ihre sichere Stelle aufzugeben, um erfolgreiche Filialketten von Nachhilfeinstituten aufzubauen.

Mein Notar in Düsseldorf kann auf eine ähnliche Geschichte verweisen. Er war als junger Jurist und Familienvater schon auf dem besten Weg, eine große EU-Beamtenlaufbahn in Brüssel anzutreten. Aber die Arbeit befriedigte ihn nicht. Er stieg aus und machte eine Notarausbildung. Seine Freunde hielten ihn für verrückt. Doch der Erfolg sollte ihm recht geben: Er etablierte als Außenseiter eine der renommiertesten Notarkanzleien mit internationaler Ausrichtung.

Apropos »für verrückt halten«: Auf diese Reaktion Ihrer Freunde und Familie müssen Sie gefasst sein, wenn Sie sich entschließen, abseits eingetretener Pfade zu wandern. Der verstorbene Begründer der amerikanischen Weinindustrie Robert Mondavi hat es in seiner Biografie treffend gesagt: »Wenn ich auf all die Nein-Sager in meinem Leben gehört hätte, wäre ich nirgendwo angekommen.«

Nun, was ist der gemeinsame Nenner all derer, die den großen Tanker sehen, erkennen und die Chance nutzen? Keiner hat es meiner Ansicht nach treffender auf den Punkt gebracht als der kontroverse – leider viel zu früh verstorbene – britische Medienunternehmer Felix Dennis. Sein Credo für den überdurchschnittlichen Erfolg enthält lediglich drei Faktoren:

- *Determination* – Entschlossenheit, absolute Entschlossenheit, ohne Wenn und Aber den Weg zu gehen.
- *Work hard* – absoluter Einsatzwille, das Ziel über alles andere zu stellen.
- *Fear nothing* – furchtlos, ohne Ängste, mit Zuversicht ans Werk gehen.

In all meinen langen Berufsjahren konnte ich viel Erfahrung sammeln, hatte viele Niederlagen zu verkraften, aber gottlob auch Erfolge zu verbuchen. Ich finde, Felix Dennis hat es damit bestens auf den Punkt gebracht. Vielleicht notieren Sie sich die drei Faktoren und legen den Zettel auf Ihren Schreibtisch.

6. Worauf Sie noch achten sollten

Entscheiden Sie sich möglichst früh in Ihrer beruflichen Betätigung für einen der folgenden Aspekte: Geld, Inhalt (der Aufgabe) oder Prestige. Was sollte an oberster Stelle für Sie stehen? Wo liegt Ihre eigentliche Ur-Motivation, wenn Sie morgens zur Arbeit fahren?

Prestige
Keiner gibt es gerne zu, aber recht viele unserer Mitmenschen neigen zu versteckter, gleichwohl extrem ausgeprägter Eitelkeit. Wenn Sie einen solchen Hang zum Geltungsbedürfnis bei sich feststellen, gibt es nur zwei Möglichkeiten: Entweder Sie bekämpfen diese Veranlagung und kommen im Laufe der Zeit darüber hinweg, oder Sie stehen zu dieser Charaktereigenschaft und bejahen, dass Ihnen Prestige und öffentliche Anerkennung sowie Renommee und Applaus äußerst wichtig sind.

Es geht also nicht um eine Wertung, nicht darum, was verwerflich oder akzeptabel aus der Sicht Ihrer Zeitgenossen ist. Vielmehr gilt es abzuklären, ob die Komponenten »Prestige und Renommee« für Sie wirklich fundamental wichtig sind. Wenn dem so ist, dann rate ich Ihnen, Berufswege einzuschlagen, wo Ihr Bedürfnis auch zielführend befriedigt werden kann. Ansonsten wird Ihnen etwas fehlen. Also brauchen Sie Berufsfelder, in denen Sie beispielsweise

- auf der Bühne stehen oder ins Rampenlicht rücken,
- in einer Branche oder Firma arbeiten, von der alle mit Respekt sprechen,
- eine Position einnehmen, in der man vor Ihnen den Hut zieht und Sie mit »Guten Morgen, Frau Direktor« grüßt, oder
- einen wohlklingenden Titel führen können, wie zum Beispiel Generalbevollmächtigter oder Honorarkonsul, Dr. h. c., Ehrenbürger der Stadt, Zolloberamtsrat, Legationsrat, Vereinspräsident, Schatzmeister oder Träger des Hosenbandordens.

Sie lachen? Ich habe es oft selbst erlebt. Dazu nur zwei Beispiele: Ein unglaublich erfolgreicher Fabrikant, mit einem Privateinkommen von vielen Millionen Euro im Jahr, blieb aus Vernunftüberlegungen (Entführungsängste und Ähnliches) zeitlebens immer im Hintergrund. Er war nur innerhalb seiner Branche bekannt. Aber im tiefsten Inneren hat er darunter gelitten. Immer wieder kam er in Versuchung, doch ein Interview mit Porträtfoto in einem der Hochglanzmagazine zu geben. Seine beiden langjährigen Sekretärinnen hatten dann die Aufgabe, ihn – wie einen kleinen Schuljungen – zurückzupfeifen und an seine Ratio zu appellieren. Ich glaube, wenn man ihn gelassen hätte, wäre ihm der öffentliche Ruhm durchaus viele Millionen Euro wert gewesen. Verstand und Charakterdisposition sind eben zwei Paar Schuhe.

Ein anderes Beispiel: Ein internationaler Börseninvestor, mit dem ich über mehrere Jahre zusammengearbeitet habe, hatte sich sein Vermögen über 20 Jahre lang »mit harter Knochenarbeit» erwirtschaftet. Tagein, tagaus, sich selten einen Urlaub gönnend, scheffelte er Millionen von Dollar. Als spezialisierter Aktien-Trader saß er in einem Raum ohne Tageslicht mit einem kleinen Team von Mitarbeitern vor den flimmernden Börsenmonitoren. Kaum jemand hatte je von ihm gehört.

Als er genug Kapital beisammenhatte, stellte er diese Arbeit ein und widmete sich ganz seinem Ego. Als aktivistischer Aktionär erwarb er Aktienpakete und machte dann mächtig »Radau«. Er verlangte öffentlich Verbesserungen und Veränderungen bei den Unternehmen und gab Interviews. Er liebte den Medienauftritt, scheute keine öffentlichen Auseinandersetzungen, residierte bei seinen Geschäftsreisen in den Nobelhotels der Weltmetropolen und empfing Journalisten. Wann immer er in einem Medienbeitrag namentlich genannt wurde, rief er mich, zu jeder Tages- und Nachtzeit, an und las mir den Artikel Wort für Wort vor. Die Zeilen, in denen er zitiert wurde, liebte er besonders. Und am allerliebsten las er mir seinen eigenen Namen vor. Ich kann mit Fug und Recht behaupten, dass der gute Mann in seiner zweiten Berufsphase regelrecht aufgeblüht ist.

Sie sehen also, Sie müssen gar keine Hemmungen haben, wenn Sie – nach reiflicher Prüfung – von der Kategorie »Prestige und Renommee« magnetisch angezogen werden. Machen Sie dann das Beste daraus.

Und noch ein Tipp: Flüchten Sie nicht zu früh im Leben in Ihr Hobby, um entsprechende Ehrungen oder Pöstchen zu ergattern. Es ist schlicht und einfach keine gute Sache, über 30 Jahre lang im falschen Beruf frustriert dem Feierabend oder dem Wochenende entgegenzufiebern. Verwirklichen Sie Ihren »Prestige-Renommee-Hunger« besser im Beruf – und nicht im Hobby.

Inhalt (der Aufgabe)

Vielleicht gehören Sie aber zu der Kategorie Mensch, der sich mit etwas »Sinnvollem« im Berufsleben beschäftigen möchte; der einen Beitrag zum Wohlergehen anderer Menschen leisten will. Sie treibt die Frage nach der Sinnhaftigkeit Ihrer Existenz um? Das ist ein löblicher Ansatz. Falls Sie diese Veranlagung nachhaltig in sich spüren, müssen Sie diese auch respektieren. Folgen Sie ihr. Ich beneide Sie allerdings nicht darum. Das wird kein einfacher Weg.

Mein Vater beispielsweise, kommerziell nicht ausgerichtet, hatte als junger Jurist und Doktorand in einer Top-Kanzlei die allerbesten Berufsperspektiven als Rechtsanwalt. Als einem der führenden Experten auf dem Gebiet des Markenrechts nach dem Zweiten Weltkrieg *(Dr. Martin Elsässer:* Der Rechtsschutz berühmter Marken, 1959*)* lag eine lukrative Karriere vor ihm. Er ist diesen Weg jedoch nicht gegangen. Die Vorstellung, ein Leben lang auf der Seite mächtiger Industriekonzerne gegen kleinere Konkurrenten anzutreten, war ihm zuwider. An solchen Erfolgen hätte er keine Freude gehabt.

Er wollte sich lieber für etwas »Größeres« einsetzen, für ein »höheres Ziel«. So kam es, dass er sich für eine Laufbahn im diplomatischen Dienst entschied: Wenn sich schon für etwas einbringen, dann doch für die Interessen des gesamten Heimatlandes. Das war seine Überlegung. Andere Menschen entscheiden sich aus ähnlichen Motiven beispielsweise für eine Arbeit bei wohltätigen, gemeinnützigen oder kirchlichen Organisationen.

Das Problem ist nicht die Aufgabenstellung als solche. Allen gemeinsam ist vielmehr die Herausforderung des Alltags. Nach der ersten Euphorie und der Begeisterung für die gute Sache kehrt bei vielen die Ernüchterung ein. Hinter den Kulissen geht es nur allzu menschlich zu:

- missgünstige Kolleginnen und Kollegen,
- unangenehme Vorgesetzte,

- scheinheilige Argumentationen,
- Eifersüchteleien,
- Intrigen und Schlampereien sowie
- lähmende Ineffizienz.

Dies sind echte Herausforderungen. Es ist sehr schwer, in einem solchen Umfeld motiviert und mit Freude an der guten Sache mit Engagement weiterzuarbeiten.

Wenn ein solcher Berufsweg vor Ihnen liegt, berauben Sie sich möglichst schnell aller Illusionen und gehen Sie mit realistischen Erwartungen ins Büro. Legen Sie sich ein dickes Fell zu. Dann kommen Sie viel besser durch – und wahrscheinlich auch ohne Magengeschwür.

In diesem Zusammenhang muss ich an meinen Großvater mütterlicherseits denken. Als erfolgreicher, aber nüchterner Häute- und Fellkaufmann quälten ihn keine Gewissensbisse um die Sinnhaftigkeit seines Tuns. Er trichterte mir schon in jungen Jahren ein: »Über eins musst du dir im Klaren sein: Die Kirchen und die kommunistische Partei, das sind die schlechtesten Arbeitgeber.«

Geld

Für diejenige unter Ihnen, die den Beruf in erster Linie unter dem Aspekt »Geld verdienen« sehen, ist das Ganze schon etwas einfacher. Hier liegt die Herausforderung in der konsequenten Umsetzung des Gedankens. Wenn es Ihnen um möglichst viel Geld geht, dann dürfen Prestige, Anerkennung und »geistige Erfüllung« im Arbeitsalltag Sie nicht berühren. Was Ihnen während der Zeit des Geldverdienens fehlt, sollten Sie im privaten Umfeld ausgleichen – beispielsweise durch ein schönes Ambiente abends zu Hause, wenn Sie tagsüber in einem schmucklosen Büro sitzen müssen.

Machen Sie sich also Gedanken, ob Sie mit Blick auf das Einkommen Ihr Verdienstpotenzial auch wirklich voll und ganz ausschöpfen. Denn wenn sich schon alles bei Ihnen um Geld drehen soll, dann bitte auch richtig. Hierzu einige Beobachtungen, über die Sie vielleicht einmal nachdenken sollten:

- Scheuen Sie sich nicht, in »Tabu-Branchen« tätig zu werden, ganz nach dem Motto: »Geld stinkt nicht.«

- Je unangenehmer und beschwerlicher das berufliche Umfeld, umso weniger Konkurrenz haben Sie vielleicht als Angestellter in einer solchen Branche.
- Gehaltserhöhungen sind oft bei jenen Arbeitgebern schwer durchzusetzen, die Sie noch als Berufsanfänger in Erinnerung haben. Eventuell zahlt Ihnen ein anderes Unternehmen für Ihre inzwischen gewonnene Berufserfahrung mehr. Dann hilft nur ein Jobwechsel.
- Nicht alle Branchen und Geschäftsmodelle eignen sich für besonders hohe Gewinnmargen. Besonders lukrativ kann es werden, wenn
  - Sie etwas aus dem Boden holen,
  - Sie Abfall einer Nutzung zuführen können oder
  - Ihnen eine Erfindung, ein Bestseller oder ein Musik-Hit gelingt.
- Limitationen im Einkommen lassen sich gegebenenfalls durch ein »intelligentes« Zusatzeinkommen aufstocken. Hierzu habe ich ein schönes Beispiel aus meinem Bekanntenkreis: Herr A. W., leider zu früh verstorben, war während der 1970er-Jahre ein Vollblutverkäufer in der Teppichbodenbranche. Als charismatischer Kundenbetreuer machte er riesige Umsätze mit großen Möbelhäusern. Er verdiente überdurchschnittlich auf Kommissionsbasis. Anstatt seine Ersparnisse auf das Sparbuch zu legen, finanzierte er einen tüchtigen Ingenieur. Dieser sah eine Chance bei der Herstellung von feinsten Metall-Präzisionsteilchen. Unser Bekannter wurde so – neben seiner normalen Verkaufstätigkeit – zum Fabrikbesitzer. Seine Erben besitzen die Firma heute noch.

Ganz gleich, wo Ihr Fokus bei Ihrer beruflichen Orientierung nun auch liegen sollte, zwei Punkte würde ich Ihnen noch gerne ans Herz legen:

- Egal was Sie tun, gehen Sie jede Tätigkeit grundsätzlich mit Liebe an. Aber achten Sie darauf, sich nicht in Ihr Metier zu verlieben. Vorsicht vor den Scheuklappen der Verliebtheit, denn diese hindern Sie an einem klaren Blick. Ohne eine distanzierte und nüchterne Einschätzung der jeweiligen Lage kann es eines Tages gefährlich werden. Also, arbeiten Sie so, als wenn Sie das Geld überhaupt nicht bräuchten – das ist ein gutes Motto: mit Liebe im Metier, aber nicht verliebt.

- Ein wichtiger Aspekt, den Sie weder in der Schule noch an der Universität zu hören bekommen, ist der Faktor »Enthusiasmus«. Ich kann Ihnen versichern: Ohne Enthusiasmus bei der Arbeit nützt Ihnen auf Dauer Ihr ganzes Können nichts. Wenn Ihre guten Fähigkeiten wie unter einem Grießbrei schlummern, werden diese auch nicht richtig zum Vorschein kommen. Wenn Sie alles in »Moll« anschlagen, können Sie es auch gleich bleiben lassen. Menschen, die das Pessimistische vor sich hertragen, werden auf große Probleme stoßen. Dauerskeptiker, Zyniker und Zauderer habe ich selten unter den herausragend erfolgreichen Menschen angetroffen.

Glauben Sie mir: Nur wenn Sie die Dinge mit Enthusiasmus angehen, zapfen Sie auch die richtigen Energiequellen an. Das Gefühl, ein Erfolgsmensch zu sein, hängt eins zu eins mit Ihrem Enthusiasmus beim »Tun« zusammen. Es ist wahrscheinlich die größte Kraftquelle, aus der Sie schöpfen können.

Natürlich müssen Sie sich bei aller Begeisterungsfähigkeit auch gelegentlich bremsen. Mit vollem Elan mit dem Kopf durch die Wand, das wäre ja auch eine naive Einstellung. Aber am Ende des Tages wird es immer wieder der Enthusiasmus sein, mit dem Sie andere Menschen für sich und Ihr Anliegen begeistern können.

Das ganze Leben ist ein »Deal«

Ihre Ausbildung und Ihre Berufserfahrungen bilden das Fundament, auf dem Sie im Leben stehen. Darauf sollten Sie sich jedoch nicht ausruhen. Für Ihren dauerhaften Erfolg kommt es auf eine ganz entscheidende Komponente an: Ihr Verhandlungsgeschick. Es entscheidet darüber, was Sie aus der einzelnen Situation »rausholen«. Von ihm hängt der Grad Ihres Erfolges ab: von durchschlagendem Vorankommen bis hin zu Rückschlägen und kompletten Niederlagen.

Das gilt auch für die Bereiche außerhalb Ihres Berufes: Die Entscheidung, ob der Zuschlag beim Erwerb einer Immobilie an Sie geht, ob Ihr privater Kreditrahmen bei der Bank kräftig erhöht wird oder wie hoch die Mitgift Ihres künftigen Schwiegervaters ausfällt, das alles ist nicht so sehr eine Frage der Fakten, sondern das Ergebnis Ihres Verhandlungsgeschicks.

Das Unterrichtsfach »Clever verhandeln« fehlt an den meisten Schulen. Allzu sehr wird im Unterricht vermittelt, dass es mit dem nötigen Fachwissen getan ist. Es ist jedoch ein Trugschluss, sich später im Berufsleben rein auf die eigene Tüchtigkeit verlassen zu können. Dieser Irrglaube führt unweigerlich zu bitteren Enttäuschungen.

Nun werden Sie vielleicht sagen: »In meinem Job muss ich ja gar nichts verhandeln, bei uns geht alles per E-Mail.« Oder: »An Verhandlungssitzungen nimmt immer nur mein Chef teil.« Es ist jedoch so, dass in fast allen Lebenslagen die Durchsetzung Ihrer Interessen von einer Art »Verhandlung« abhängt, auch im digitalen Bereich, ganz gleich, ob Sie als Beamter in der städtischen Verwaltung an einer Fortbildungsmaßnahme teilnehmen möchten oder sich als Mitarbeiterin bei der UNO um eine Versetzung zu einer anderen Weltorganisation, wie beispielsweise der WTO, bemühen.

Am Ende des Tages hängt die erfolgreiche Vergabe eines großen Auftrags oder Engagements in irgendeiner Form von einer geschickten Verhandlungsführung ab. Ob Sie einen guten Agenten für sich gewinnen können, ob Ihnen eine schnellere Beförderung gelingt oder Sie bei einem Geschäft eine hohe Gewinnmarge durchsetzen können, all das hat nur bedingt mit Ihrem eigentlichen Fachwissen zu tun. Dieses wird stillschweigend vorausgesetzt. Ohne überzeugende Leistung und Kompetenz brauchen Sie sowieso erst gar nicht anzutreten.

Das Tüpfelchen auf dem i – das ist die Art und Weise Ihres Auftritts, wenn es etwas zu verhandeln gilt. Bemühen Sie sich, sich richtig zu positionieren. Lernen Sie, optimal zu verhandeln, und zwar mit Geschick und wachem Verstand, denn: Das ganze Leben ist ein »Deal«.

1. Die Verhandlung – Vorbereitung ist das A und O

Sich auf eine Verhandlung gründlich vorzubereiten – ist das wirklich nötig? Viele von uns messen hier mit zweierlei Maß. Wenn es um eine schriftliche Ausarbeitung, einen Vortrag oder eine Jubiläumsansprache geht, dann sind wir gewohnt, viel Vorarbeit reinzustecken. Hier investieren wir, wie selbstverständlich, viel Zeit. Wenn es aber etwas zu verhandeln gilt, sieht das fatalerweise oft anders aus. Man nimmt das eher auf die leichte Schulter. »Da wird ja nur miteinander geredet. Schauen wir mal, mit welchen Argumenten die andere Partei so daherkommt. Ich habe ja dann immer noch genug Zeit nachzudenken. Warten wir doch mal ab, wie mein Gegenüber auf meine Vorschläge reagieren wird. Ich hab doch alles im Kopf, und ansonsten habe ich ja immer noch meine Akten dabei.« Solche Gedanken kursieren in unserem Kopf. Da meldet sich der innere Schweinehund, der uns die Bequemlichkeit und Trägheit so oft im Leben schmackhaft macht. Die Engländer nennen das eine *wait and see attitude.*

Nehmen Sie Verhandlungen beziehungsweise das Verhandeln ernst. Bereiten Sie sich richtig gut vor. Worauf sollten Sie achten? Hierzu einige Anregungen:

- Sich kurz vor der Verhandlung hinsetzen und mal alles im Geiste schnell durchspielen? Nein, das ist zeitlich zu knapp. Da stehen Sie mit dem Rücken zur Wand. Allerspätestens am Tag vor der Verhandlung sollten Sie Ihre Vorbereitungen abgeschlossen haben. Über Nacht oder unter der Dusche am nächsten Morgen fällt Ihnen meistens noch etwas Wichtiges ein.
- Bringen Sie so viel wie möglich über Ihren Verhandlungspartner in Erfahrung. Legen Sie akribisch eine Datei oder Kartei über ihn an, so wie ein Spion es tun würde:
  - Wie alt ist er? Unter welchem Sternzeichen geboren? Wie ist seine private Situation? Hat er gerade einen Schicksalsschlag, eine schwere Krankheit oder eine Scheidung hinter sich? Wie steht es mit seinen Hobbys? Ist er Mitglied in einem Sportclub? Bekleidet er Ehrenämter in seiner Freizeit? Wie ist seine politische Orientierung?

- Bringen Sie alles über seinen beruflichen Werdegang in Erfahrung. Seit wann ist er auf der jetzigen Position? Wie ist er dort hingekommen? Wer protegiert ihn? Hat er intern Widersacher? Sägt jemand an seinem Stuhl? Hat er eine Affäre mit jemandem in der Organisation? Hat er eine Leiche im Keller? Ist er nur noch kurz auf dem Posten, weil er längst innerlich gekündigt hat? Oder schielt er bereits auf eine bessere Position in einer anderen Abteilung?
- Wie steht es um seine Persönlichkeit? Was hört man über seinen Charakter? Welcher Typ Mensch ist er? Kann man sich auf sein Wort verlassen? Oder ist er ein typischer »Nachverhandler« und »Prozesshansl«? Wie steht es um seine Glaubwürdigkeit? Was sagen ehemalige Mitarbeiter über ihn? Am allerbesten wäre, wenn Sie Menschen sprechen könnten, die Ihren Verhandlungspartner noch aus der Grundschulzeit kennen.

Es ist nun einmal so: Viel stärker als Sie vielleicht vermuten, hängt der Erfolg bei Verhandlungen vom Faktor »Informationsvorsprung« ab. Gehen Sie wie ein gewiefter Geheimdienstmitarbeiter vor. Der Fleiß bei der Recherche für die Anlage Ihrer Spezialdatei wird sich auszahlen. Bringen Sie mit der Zeit immer mehr in Erfahrung. Notieren Sie alles. Schon die Dynastie der Thurn & Taxis aus Regensburg oder der Londoner Zweig der Bankiersfamilie Rothschild verdankten ihren Reichtum nicht unwesentlich der konsequenten Informationsbeschaffung und -auswertung.

Ich stelle immer wieder mit Erstaunen fest, dass nicht der Eloquenteste, auch nicht der Sympathischste und schon gar nicht der Intelligenteste als Sieger aus Verhandlungen hervorgeht. Nein, es ist meistens derjenige, der sich am besten vorbereitet hat.

- Mit der wichtigste Punkt bei Ihrer Vorbereitung ist Ihr eigenes »Minimum«, das Sie in der Verhandlung erreichen wollen. Dieses Minimalziel müssen Sie sich vorher ganz genau überlegen. Was ist also wirklich das absolute Mindest-Minimum, das Sie als Ergebnis brauchen? Wo ist die Unterkante, unter die es nicht gehen darf? Ab welchem Punkt rechnet sich beispielsweise die ganze Sache nicht mehr? Wägen Sie genau ab: Was brauchen Sie als

Endresultat, damit Sie vor Ihrem Chef nicht schlecht dastehen und mit einem halbwegs guten Gefühl nach Hause gehen?

Nach Abschluss oder Abbruch einer Verhandlung sollten Sie in gar keinem Fall von einem schlechten Gewissen geplagt werden. »Hätte ich doch etwas mehr nachgeben sollen? Habe ich vielleicht zu hoch gepokert?« Die meisten Menschen klären in der Regel leider erst im Nachhinein die Frage, wo ihre Untergrenze hätte liegen sollen. Das Kind ist dann aber schon in den Brunnen gefallen.

- Verschwenden Sie also vorher keine Zeit für »geistige Turnübungen« und schöne Fantasievorstellungen, was wohl nach oben hin im Maximum für Sie drin sein könnte. Rechnen Sie sich nicht vorher reich. Wenn die Sitzung optimal läuft, entwickelt sich das Positive mit Momentum von ganz allein.
- Gehen Sie also nie ohne ein gründlich erarbeitetes und in Ihrem Kopf festgeschriebenes Minimalziel in eine Verhandlung. Es ist Ihr internes Alarmsystem. Es wird Ihnen anzeigen, wann Sie so richtig aufs Gaspedal treten müssen und wann es an der Zeit ist, Ihrem Gegenüber den Arm umzudrehen.
- Noch ein Gedanke: Wenn eine Einladung zu einer Verhandlungssitzung oder zu einem Gespräch an Sie ergeht, rückversichern Sie sich genau, welches Thema erarbeitet werden soll. Worum soll es bei dem Treffen gehen? Was ist der Sinn und Zweck der Sitzung? Soll überhaupt etwas beschlossen werden? Und wenn ja, was denn? Nur dann können Sie sich auch zielgerichtet vorbereiten.
- Man sollte meinen, dass dies doch immer klar sein sollte. In der Realität verhält es sich aber keineswegs so. Bei vielen Unternehmen und Organisationen ist es durchaus an der Tagesordnung, Sitzungen einzuberufen, bei denen viele Teilnehmer gar nicht wissen, warum man eigentlich zusammengekommen ist. Der Frust über vergeudete Zeit in ineffizienten Meetings ist weitverbreitet.

2. Aufgepasst am Verhandlungstisch

Hier sind vier hilfreiche Gedanken, wenn Sie am Verhandlungstisch zusammenkommen:

- Zum Verhandlungstermin sollten Sie ruhig zu früh erscheinen. Das habe ich mir vor Jahren angewöhnt. In der Regel können Sie dann beobachten, wie die anderen Teilnehmer so nach und nach eintreffen. Sie sehen diese dann in voller Größe und in Bewegung. Sie können beispielsweise die Körpersprache, Kleidung und Schuhe studieren. Sie haben die Möglichkeit, mit einzelnen vor Beginn ein paar Worte zu wechseln und ihnen in die Augen zu schauen. Je nach Ablauf der nachfolgenden Verhandlung kommt der entsprechende Teilnehmer überhaupt nicht zu Wort, oder er sitzt am langen Tisch, von Ihnen aus blickgeschützt an der Ecke. Ihr besonderes Augenmerk sollte dem Verhalten der Teilnehmer gelten. Wie geben diese sich zum Beispiel, bevor der »Big Boss« den Raum betritt?
  All diese wertvollen Möglichkeiten ergeben sich für Sie quasi gratis, wenn Sie vorzeitig erscheinen. Erfassen Sie die unterschwellige Stimmungslage. Achten Sie wie ein Luchs mit wachen Augen auf alles, was sich da tut. Jede Kleinigkeit verrät etwas.
  Kommen Sie jedoch als letzter Teilnehmer, so kriegen Sie nur wenig mit. Die anderen sitzen dann schon alle wie angeklebt auf ihren Stühlen am Konferenztisch. Ein kurzer Gruß, und schon geht es los, kaum, dass Sie Platz genommen haben.
- Es wird Ihnen zwar nicht immer möglich sein, aber ich würde Ihnen empfehlen, grundsätzlich zu zweit zu erscheinen. Das ist eine uralte Kaufmannsregel. Erstens sehen vier Augen mehr als zwei. Während Sie vortragen, kann Ihr Partner die anderen Teilnehmer und deren Reaktionen genau beobachten. Zweitens haben Sie, sollte es später zu einem Disput oder zu Missverständnissen kommen, einen Zeugen auf Ihrer Seite. Allein auf sich gestellt, haben Sie juristisch ganz schlechte Karten. Ich weiß leider aus eigener bitterer Erfahrung, wovon ich spreche.
- Lassen Sie sich während einer Verhandlung nicht ins Bockshorn jagen oder auf eine falsche Fährte locken. Ich selbst habe oft

den Fehler gemacht, mich in einer Gesprächsrunde auf eine bestimmte Person zu konzentrieren. Meist war diese der Wortführer, zu dem ich mich hingewandt habe. Während ich sprach, habe ich sehr auf deren Reaktionen geachtet.

Es könnte Ihnen auch passieren, dass man Ihnen eine falsche Information zukommen lässt. Dann heißt es zum Beispiel: »Der neue Direktor wird dabei sein. Auf den sollten Sie besonders achten.« Meistens werden Sie mit solchen Informationen in die falsche Richtung gelenkt. Später stellt sich vielleicht heraus, dass die wirklichen Machtverhältnisse am Tisch ganz anders lagen. Auf denjenigen, der die Sitzung leitete, oder auf diejenigen, die laut, provokant und bedrohlich auftraten, war es gar nicht angekommen.

Hierzu ein schönes Beispiel: Im Schwäbischen habe ich bei einer Lieferantenverhandlung erlebt, dass der eigentliche Drahtzieher eine betagte Dame war. Während der gesamten Sitzung hatte sie keinen Muckser von sich gegeben. Beinahe teilnahmslos hatte sie in der zweiten Reihe gesessen. Wie ich später erfuhr, war sie die Alleineigentümerin der Chemiefabrik! Achten Sie also unbedingt auf die ganz »Stillen« am Tisch. Vor denen sollten Sie großen Respekt haben.

– Seien Sie auf der Hut, wenn Sie mit einem freundlichen Lächeln folgendermaßen begrüßt werden: »Schön, dass Sie da sind, Frau Wertheim. Wir haben uns ja schon lange auf die heutige Verhandlung gefreut. Wie viel Zeit haben Sie denn mitgebracht? Sie kommen ja von weit her. Wann geht denn Ihr Rückflug oder sind Sie mit dem Zug da?« Überlegen Sie sich gut, was Sie jetzt antworten. Wenn Sie in die Falle tappen und sagen: »Och, ich habe viel Zeit, denn mein Flieger geht erst um 17 Uhr«, dann haben Sie schon verloren.

Bei einer wichtigen Verhandlung sollten Sie auf gar keinen Fall irgendwelche Anschlusstermine im Kalender stehen haben: keine Verabredung zum Abendessen, keinen Konzertbesuch, kein Treffen mit einem Freund und vor allem keine feste Abreise-Uhrzeit. Das ist ein absolutes Tabu.

Sie müssen derjenige am Tisch sein, der die Ruhe weghat. Wenn es sich beispielsweise bis 3 Uhr nachts hinzieht, sollten Sie die

Nerven behalten. Wenn Sie anfangen, auf dem Stuhl hin- und herzurutschen, weil die Zeit ins Land geht, dann sind Sie in einer ganz schlechten Verhandlungsposition. In einem solchen Fall spielt Sie jeder Profi locker an die Wand.

Zu diesem Thema fällt mir noch eine nette Geschichte ein. Seien Sie bei mehrtägigen Verhandlungen im Ausland besonders achtsam. Ein Freund von mir aus der Antwerpener Diamantenbranche berichtete mir, wie er bei seinen Einkaufstouren in Israel regelmäßig ausspioniert wird. Seine Verhandlungspartner erkundigen sich jedes Mal hinter den Kulissen bei seinem Hotel, bis wann er sein Zimmer gebucht hat. Sie verfolgen damit die Absicht, im Verhandlungsmarathon diese Information auszunutzen.

Er empfahl mir, grundsätzlich gleich beim Einchecken in ein Hotel diese Angelegenheit mit dem Concierge zu regeln. »Hören Sie, guter Mann, wenn jemand sich nach meiner Buchung erkundigen sollte, sagen Sie ihm doch bitte, dass ich noch keinen festen Abreisetermin habe.« Wenn Sie dann noch einen Briefumschlag mit einigen Geldscheinen über die Theke schieben, wird das sicher helfen.

3. Vom Zuhören, Hinhören und Reden

Sitzen Sie jemandem im Gespräch gegenüber oder in großer Runde an einem Konferenztisch, dann beginnt ein Kanon aus Zuhören, Reden und Hinhören. Wenn Sie diese drei Elemente mit Bedacht einsetzen, verschaffen Sie sich einen Vorteil. Dazu gibt es einiges anzumerken:

– Die eigentliche Wunderwaffe in jedem Gespräch ist das Zuhören. Schenken Sie Ihrem Gegenüber Zeit. Geben Sie ihm die Gelegenheit, ausführlich von sich und seinen Überlegungen zu erzählen. Ich verwende hier bewusst das Wort »erzählen«.
  Eine Unterhaltung sollten Sie zunächst einmal verhalten, abtastend und vorsichtig beginnen. Fallen Sie nicht gleich mit der Tür ins Haus. Wenn Sie es aber richtig anstellen, so entwickelt sich die Atmosphäre und das Eis taut. Ziel ist es, dass Ihr Gesprächspartner sich zusehends entspannt. Manchmal geht es erst langsam los, aber auf einmal beginnt er mehr und mehr zu reden. Nach einer Weile fließt es geradezu nur so aus ihm heraus.
  Ich habe es über die Jahre oft erlebt: Mit kaum etwas kann man besser punkten als mit geduldigem Zuhören. Dazu ein nicht untypisches Beispiel: Einer meiner Neffen hatte sich im Industrievertrieb frühzeitig selbstständig gemacht. Es ging nun darum, seinen ersten Verkaufsauftrag an Land zu holen. Zwei Mal hatte er seinen potenziellen Zielkunden bereits besucht; einen Werksleiter in der Elektroproduktion. Die ersten Kontakte verliefen recht hoffnungsvoll, aber nichts tat sich hinsichtlich eines Verkaufsabschlusses. Mein Neffe klagte mir sein Leid. Ich fragte ihn, wie er denn so im Gespräch vorgegangen sei. Nun, er habe ja immer seine Firmenpräsentation dabei und konzentriere sich auf fachliche Fragen rund um sein Produkt, bekam ich zu hören. Zufällig habe er jedoch beim vorigen Besuch den Eindruck gewonnen, dass der Mann Anhänger des lokalen Fußballvereins sei. Ein Poster des Clubs habe hinter dem Schreibtisch gehangen. Vor lauter Aufregung sei ihm dies beim ersten Besuch gar nicht aufgefallen. Nun stand der dritte Termin an, und mein Rat an meinen Neffen lautete: »Diesmal machst du es anders. Du erwähnst

dein Produkt erst mal mit keinem Ton. Komm stattdessen auf das Resultat des Fußballspiels vom vorigen Wochenende zu sprechen. Da hat der Verein doch mit Pauken und Trompeten verloren. Frag ihn, ob er über die Leistung des Trainers nicht auch so entsetzt ist wie du.«

Das Ergebnis der Sitzung war grandios. Mein Neffe brauchte das Thema nur anzutippen. Der Werksleiter blühte regelrecht auf. Es entwickelte sich ein tolles Gespräch. Mein Neffe kam so gut wie nicht zu Wort. Er bejahte, lobte und bemerkte gelegentlich: »Ach, das ist ja interessant, erzählen Sie mir das doch mal genauer.« Die Zeit verstrich. Mein Neffe machte sich Sorgen, wo das Ganze wohl hinführen würde.

Die beiden saßen über anderthalb Stunden zusammen. Es war schon lange nach Feierabend. Die Arbeiter in der Fabrik waren nach Hause gegangen. Zum Abschluss schüttelte der Werksleiter meinem Neffen die Hand und verkündete freudig: »Junger Mann, so gut habe ich mich schon lange nicht mehr unterhalten. Mit Ihrem Produkt ist ja sowieso alles klar. Sie können nächste Woche mit meinem Auftrag rechnen.« Eine wahre Geschichte, vor gar nicht so langer Zeit passiert.

Versetzen Sie sich immer in die Lage Ihres Gegenübers. Die meisten erfolgreichen Menschen leiden unter einem Defizit an Anerkennung. Sie haben sich an den Erfolg gewöhnt. Zu Hause will keiner mehr ihre »Berufs- oder Bürogeschichten« hören. Der Ehepartner kennt die Storys in- und auswendig, und die heranwachsenden Kinder haben die »Heldenverehrung« satt. Auch im Freundeskreis interessiert sich kaum einer für die großartigen Leistungen im Job.

Widmen Sie Ihrem Verhandlungspartner viel Zeit und geben Sie ihm das schöne Gefühl der Anerkennung. Das Ziel muss sein, dass er folgendermaßen über Sie denkt: »Donnerwetter, hier sitzt mir endlich mal jemand gegenüber, der sich für mich interessiert und der zu schätzen weiß, was ich geleistet habe.«

- Zuhören ist das eine, genau hinhören das andere. Mit hellwachem Verstand sollten Sie darauf achten, was Ihr Gegenüber mit seinen Worten eigentlich wirklich zum Ausdruck bringen will. Diese Gabe ist ein wichtiger Baustein für Ihren

»Verhandlungs-Werkzeugkasten«. Bleiben Sie locker und entspannt, aber seien Sie äußerst aufmerksam während des Gesprächs. Lassen Sie sich nicht einlullen.
Achten Sie vor allem auf kleine Nebenbemerkungen, die so halb verschluckt kaum hörbar sind. Mit dem Hinhören verhält es sich wie mit dem Lesen des Geschäftsberichts einer Aktiengesellschaft. Die eigentliche Wahrheit steht häufig zwischen den Zeilen.
In vielen Verhandlungen werden Sie Situationen erleben, bei denen Sie ganz besonders genau hinhören sollten: Ihr Verhandlungspartner nimmt auf einmal sozusagen einen Anlauf, richtet sich im Sessel auf, holt tief Luft, plustert sich auf und verkündet laut mit sonorer Stimme: »Also eines kann ich Ihnen versichern! Einen solchen Preisnachlass werden wir hier nie akzeptieren. Nur über meine Leiche. Dann sind wir für immer geschiedene Leute.« In 90 Prozent der Fälle wird genau das Gegenteil der Fall sein. Ich weiß nicht, woran es liegt. Viele Menschen haben eine Tendenz, genau das laut auszusprechen, was sie eigentlich gar nicht meinen.
Ein Psychologe könnte dieses Phänomen sicherlich erklären. Ich glaube, es hängt damit zusammen, dass man mit einer solch starken Aussage tief sitzende Ängste bezwingen möchte, also im obigen Beispiel die Angst: »Um Gottes willen, der wird am Ende doch nicht auf noch tieferen Preiszugeständnissen bestehen. Das wäre ja fürchterlich.« Hier herrscht das Motto: »Was nicht sein soll, das darf auch nicht sein.« Es ist der Versuch, heraufziehende Wolken zu vertreiben, sich beim Durchschreiten des dunklen Waldes die Hand zu geben und laut zu singen. Wie dem auch sei: Hinhören und erkennen, wie es um die Gegenpartei eigentlich wirklich steht, ist sehr zu empfehlen. Wenn Sie sich diese Eigenschaft aneignen, dann haben Sie bei allen Verhandlungen in Zukunft ein Ass im Ärmel.

- Die größte Gefahr in Verhandlungen geht von Ihnen selbst aus, und zwar von Ihrem Drang zu reden. Es ist menschlich verständlich, denn Sie haben ja so viel zu berichten und zu erzählen. Besonders, wenn Sie viel Arbeit in ein Vorhaben gesteckt haben und über ein enormes Fachwissen verfügen, wollen Sie natürlich einen guten Eindruck hinterlassen. Wenn Sie von den Vorzügen, die Sie anzubieten haben, total überzeugt sind, dann fällt es Ihnen schwer, an sich zu halten.

Wenn Sie sich viel Kummer und Rückschläge ersparen wollen, kann ich Ihnen nur dringend raten, sich zu disziplinieren. Halten Sie sich zurück. Ich weiß aus eigener Erfahrung, wie schwer das ist. Ich neige zu Monologen und ertappe mich immer wieder dabei, wie ich mich gerne reden höre. Trotz über 40-jähriger Berufserfahrung und besserer Einsicht gehen mit mir auch heute noch gelegentlich die Pferde durch. Je nach Veranlagung kann es also auf ein lebenslanges Kurieren dieses Übels hinauslaufen.

Ich hatte das Glück, während meiner nachakademischen Lehrzeit bei einer erstklassigen Wirtschaftsprüfersozietät zu arbeiten. Der Senior, ein erfahrener Berater, berichtete mir von folgender Begebenheit: Er hatte im Laufe seines Lebens schon öfters Investoren auf ganz besonders gute Geschäftsmöglichkeiten aufmerksam gemacht: Opportunitäten, die unter der Hand gehandelt wurden. Seine profunde Fachkenntnis wurde sehr geschätzt. Man konnte sich glücklich schätzen, wenn man zu seinem kleinen erlauchten Kreis gehörte. Es war ein Privileg, denn eine ganze Reihe von Familien hatte dank seiner vermittelten Deals viele Millionen verdient.

Nun hatte er einen hochinteressanten Sanierungsfall an der Hand. Ein tüchtiger Unternehmer, ein Selfmade-Mann, hielt eine äußerst lukrative Offerte in der Hand. Als Branchen-Insider konnte er eine am Rande des Bankrotts stehende Unternehmensgruppe in den Niederlanden übernehmen. Um den Deal an Land zu ziehen, brauchte er nun mehrere Millionen an Finanzmitteln. Der Unternehmer hatte ein Dreijahres-Sanierungskonzept ausgearbeitet. Der Wirtschaftsprüfer hatte es analysiert und für gut befunden. An einem Sonntag trommelte er seine reichen Klienten zusammen, damit sie sich den Geschäftsvorschlag anhörten. Nach der Präsentation des Unternehmers und einigen Fragen und Antworten fand sich trotz eines attraktives Zahlwerks jedoch keiner aus der Gruppe bereit, Geld in das Projekt zu investieren. Das Geschäft kam nicht zustande. Der Senior war untröstlich. Er erzählte mir, dass die Überlegungen des Unternehmers absolut richtig gewesen waren. Eine andere ausländische Gruppe hatte sich den Deal später geschnappt und damit tatsächlich etwa 1000 Prozent in drei Jahren verdient.

Ich fragte den Senior, wieso denn diese »Golden Opportunity« bei dem Vortrag des Unternehmers nicht wahrgenommen worden war. Völlig ernüchtert antwortete er mir: »Es war einfach nichts zu machen. Da nutzten auch die schönsten Gewinnaussichten nichts. Der Unternehmer hat bei der Zusammenkunft meines Investorenkreises ja ununterbrochen geredet, ohne Punkt und Komma. Es ist ganz fatal, wenn man ein Argument auf das andere packt und in seiner Euphorie nicht zu bremsen ist. Unser Mann hat überhaupt nicht mitbekommen, wie das bei den potenziellen Investoren ankam. Was für ein Jammer, dass uns dieses Jahrhundertgeschäft durch die Lappen ging. Der Mann hat es nach Strich und Faden vermasselt. Herr Elsässer, merken Sie sich eines für Ihr späteres Leben: Wer bei einem Geschäftsvorschlag zu viel redet, macht sich verdächtig.«

Noch zwei kurze Anmerkungen zum Thema »Reden«. Wenn Ihr Gegenüber selbst wortkarg sein sollte, dann verfallen Sie nicht in eine Art »Ersatz-Redeschwall«, um die Stille zu überbrücken. Stellen Sie lieber Fragen. Das ist ein alter Trick, denn erfahrene Kaufleute wussten schon immer: Wer fragt, der führt.

Der zweite Punkt ist eine schlechte Angewohnheit, die auch ich leider mit mir herumschleppe. Beim Gespräch falle ich Leuten ins Wort. Ich lasse mein Gegenüber häufig nicht ausreden. Das ist ein wirkliches Übel. Damit gewinnen Sie bei Verhandlungen (und generell im Leben) keine Pluspunkte. Sollten Sie diese unschöne Neigung an sich feststellen, dann haben Sie eine echte Aufgabe vor sich. Gewöhnen Sie sich das tunlichst ab. Dazu brauchen Sie auch keinen Therapeuten oder Coach.

4. Lernen Sie, »Nein« zu sagen

Vier Buchstaben, die die Welt verändern, vier Buchstaben, die Ihrem Leben einen anderen Verlauf geben können: das Wort »Nein«. Sie glauben gar nicht, wie vielen Menschen ich begegnet bin, die mir ganz offen gestanden haben: »Ich kann einfach nicht Nein sagen.« Ich bin immer wieder überrascht, wie sehr sich die Menschen im Privaten wie im Beruflichen schwertun, wenn es darum geht, dieses Wort auszusprechen.

Meiner Ansicht nach hat dies viel mit unserer Erziehung zu tun. Zum einen haben wir Hemmungen, mit einem brüsken »Nein«, jemanden vor den Kopf zu stoßen oder ihn zu enttäuschen. Unterschwellig macht sich die Sorge breit, beispielsweise einen Freund oder eine Freundin zu verlieren sowie ein gutes Einvernehmen zu riskieren. Das ist ein typisches Phänomen von Verlustangst. Zum anderen fürchten wir uns mit einem unmissverständlichen »Nein« vor den eventuellen Konsequenzen unseres entschlossenen Auftretens. Hier reicht die Palette der Angst von einer möglichen Bestrafung über eine Blamage bis hin zum herben Gesichtsverlust. Häufig schwingt auch die Sorge vor schlimmen finanziellen Folgen im Hintergrund mit. Bei vielen von uns sitzt es noch tief in der Erinnerung und im Unterbewusstsein: Mit dem Wort »Ja« sind wir bei unseren Eltern und Lehrern besser gefahren.

Nun, das liegt alles hinter Ihnen. Gehen Sie ans Werk, legen Sie Ihre unbegründeten Hemmungen ab. Lernen Sie, das Wort »Nein« laut und deutlich auszusprechen. Üben Sie es notfalls vor einem Spiegel. Das Ziel sollte sein, dass Sie ohne zittrige Stimme und mit ruhigem Puls »Nein« aussprechen können – emotional unaufgeregt, genauso, wie Sie sich angewöhnt haben, »Guten Morgen« zu sagen.

Egal in welcher Lebenslage Sie sich befinden, ob nun in einer prekären privaten Situation oder in einer millionenschweren Verhandlung: Ohne den geladenen Revolver »Nein« sind Sie schlecht dran. Ab der Sekunde, in der Sie merken: »Oh, das läuft jetzt aber nicht in meinem Sinne, das will ich in gar keinem Fall«, gibt es kein Zurück mehr. Es sei denn, Sie sprechen es sofort aus: »Herr Silberberg, nein. Das gefällt mir nicht, daraus wird nichts.«

Sie machen es sich in Ihrem Leben viel leichter, wenn Sie gleich von Anfang an die Verhältnisse klarstellen. Sollten Sie es aber einmal versäumt haben, rechtzeitig Nein zu sagen, dann wissen Sie ja, wie sich solch eine Situation anfühlt. Auf dem Weg nach Hause, nach einer wichtigen Besprechung, überkommt Sie mehr und mehr ein mulmiges Gefühl: »So ein Ärger, hätte ich doch besser Nein gesagt. Da habe ich mir ja etwas Schönes eingehandelt. Wie komme ich da bloß wieder raus, was mache ich denn jetzt?« Da ist guter Rat teuer. Je länger Sie warten, umso schlimmer und peinlicher wird es. Wie wollen Sie es einigermaßen vernünftig anstellen, zurückzurudern? »Wäre ich doch nicht so dumm gewesen und hätte gleich Nein gesagt!«

Die Zeit ist viel zu kostbar, als dass Sie mit einer quälenden Last tagelang herumlaufen. In einer solchen Situation empfehle ich Ihnen meinen kleinen »Rettungsanker«. Mit ihm kommen Sie noch am besten aus dem Dilemma. Nehmen Sie sich fest vor, nach einer Nacht des »Darüber-Schlafens«, gleich am nächsten Morgen, zum Telefonhörer zu greifen. Ohne Umschweife kommen Sie sofort auf den Punkt: »Herr Silberberg, gestern habe ich einen großen Fehler gemacht. Ich hätte es Ihnen gleich sagen sollen. Ich entschuldige mich schon einmal dafür. Aber ich kann Ihr Angebot nicht annehmen. Ich weiß, dass ich gestern etwas anderes gesagt habe, und ich verstehe auch, dass Sie jetzt von mir enttäuscht sind, aber ich kann nicht anders. Sorry.«

Fazit: Sie können es drehen und wenden, wie Sie wollen. Ersparen Sie sich Kummer, privates Leid und krasse Fehlentwicklungen in Ihrem Beruf – das Wort »Nein« wird Ihnen dabei sehr zugutekommen.

Apropos Nein – hierzu noch ein anderer Aspekt: das Wort »Nein« einmal aus der anderen Perspektive betrachtet. Akzeptieren Sie nicht sofort, wenn Ihnen jemand mit einem kurz entschlossenen »Nein« daherkommt. Lassen Sie nicht gleich die Flügel hängen. Aus meiner Beobachtung fallen die meisten Menschen viel zu schnell um. Ich habe die Erfahrung gemacht, dass ein »Nein« noch lange nicht ein endgültiges Aus bedeutet.

Packen Sie also nicht gleich Ihre Tasche zusammen. Verhandeln heißt, am Ball zu bleiben, sich die Bälle hin- und herzuspielen. Haben Sie keine Hemmungen, die Grenzen auszutesten. Dies werden Sie nicht schaffen, wenn Sie gleich nach einem ersten »Nein« verschreckt oder beleidigt den Kopf einziehen und das Feld räumen.

Von einem gewieften Geschäftsmann und guten Freund konnte ich mir eine gute Argumentation und Redewendung abschauen. Wir saßen über viele Jahre in Heidelberg in einem Gremium zusammen. Auf ein noch so donnerndes Nein der Gegenpartei, in einer noch so hitzigen Debatte reagierte mein Freund immer gelassen. Statt auf Konfrontation zu gehen, entgegnete er mit ruhiger Stimme: »Schauen Sie, Herr Mayfahrt, Sie müssen das mal aus einer anderen Perspektive sehen.« Statt in der Verhandlung einzuknicken oder seinen Verhandlungspartner mit einem Wutausbruch vor den Kopf zu stoßen, hat er mit dieser Haltung kritische Verhandlungsmomente meist elegant entschärft.

5. Erfolgreich in der Verhandlung

Zum Abschluss noch drei weitere Empfehlungen und Anregungen für Sie.

- Manche Projekte ziehen sich über lange Zeit hin. Sie arten in einen regelrechten Verhandlungsmarathon aus. Über viele Monate reiht sich eine Sitzung an die andere. Problematisch wird es, wenn immer mehr sogenannte Experten hinzugezogen werden und sich in der Runde breitmachen. Ich denke hier beispielsweise an Vertreter von Ingenieurbüros, Unternehmensberater, Steuerfachleute oder Rechtsanwälte. Für diese Berufsgattungen gibt es kaum etwas Schöneres, als in den Mittelpunkt zu rücken, Gehör zu finden und ihre Sicht der Dinge zu präsentieren.
  Ich habe es oft erlebt, dass damit die eigentlichen Komplikationen erst begannen: An sich war das Projekt recht klar strukturiert und einfach. Doch mit der Hinzuziehung der Spezialisten bekam die Verhandlungsabfolge eine regelrechte Schlagseite. Auf einmal war Sand im Getriebe.
  Ich möchte niemandem zu nahetreten, aber ich konnte mich häufig des Eindruckes nicht erwehren, dass bei diesen Leuten die Eigeninteressen massiv im Vordergrund standen. Häufig musste ich feststellen, dass der Wunsch nach einem zügigen Projektabschluss gar nicht vorhanden war. Diese Attitude – konträr zu den Interessen des Auftraggebers – hat mir immer schon missfallen.
  Wenn Ihre Verhandlungen einen solchen Verlauf nehmen und sich kaum noch einer an die ursprüngliche Agenda erinnert, dann ist es an der Zeit, die Frage zu stellen: »Meine Damen und Herren, einen Moment bitte! Ich darf Sie daran erinnern – wessen Projekt ist das hier eigentlich?« Nehmen Sie die Zügel in die Hand und bringen Sie das ganze Durcheinander wieder in die richtige Ordnung.
- Ein anderes Szenario: Sie sitzen bei einer Verhandlung auf der »Siegerseite«. Alles läuft in Ihrem Sinne. Sie verhandeln aus einer Position der Stärke. In einer solchen Konstellation widerstehen Sie bitte der Versuchung, den Bogen zu überspannen. Es ist sicher richtig, das Optimale für sich aus einem Deal

herauszuholen. Doch die wirklich klugen Kaufleute wissen, dass es sich langfristig nicht lohnt, seinen Geschäftspartner an die Wand zu drücken. Trampeln Sie nicht auf einem Menschen herum, der schon am Boden liegt. Die Chinesen sagen dazu: »Du kannst Deinem Gegenüber den Reis wegnehmen, aber Du solltest ihm nicht seine Reisschüssel zerstören.«

Ich versuche immer herauszufinden, mit welchem Resultat der andere wohl vom Tisch gehen muss, damit er noch so geradewegs zurechtkommt, nicht nur finanziell. Er soll sich ja auch erhobenen Hauptes verabschieden und ohne Gesichtsverlust vor seinen Vorgesetzten treten können.

Den Genuss der Überheblichkeit auszukosten kann Sie eines Tages teuer zu stehen kommen. Wie heißt es so schön? Man sieht sich im Leben meistens zweimal. Zum Beispiel: Eines Tages wechselt derjenige, den Sie einst schlecht behandelt haben, den Arbeitgeber und sitzt plötzlich auf einer höheren Position vor Ihnen. Es ist wie mit dem Fahrstuhlfahren: Auf dem Weg nach oben kommen Sie an Menschen vorbei, die Sie auf dem Weg nach unten wiedersehen werden.

Vielleicht halten Sie mich für naiv, aber ich glaube an eines ganz fest: Bei aller kaufmännischen Finesse zahlen sich im Leben Großzügigkeit und Großherzigkeit aus. Vielleicht schlägt es sich nicht immer gleich in Euros und Cents nieder. »Schlechtes« Geld gedeiht nicht gut und ist kein Fundament für dauerhaften Erfolg und beständiges Glück.

– Wenn ein Deal zu gut aussieht, dann ist Vorsicht geboten. Die Gier lockt Sie leicht in so manche Falle. Der bedeutende Reeder aus Hongkong, Sir Y.K. Pao (1918–1991), hielt sich zeitlebens an die Maxime: »Die Aussicht auf einen riesigen Profit vertreibt die Weisheit.«

  Ich selbst habe da schon einiges an Lehrgeld gezahlt. Es ist mir noch gut in Erinnerung, wie ein schwedischer Geschäftsfreund darauf bestand, dass ich umgehend nach Stockholm kommen sollte. Eine ganz besonders günstige Gelegenheit liege auf dem Tisch. Ein großes Aktienpaket sei zu einem Spottpreis zu haben. Die Firmengründer hätten sich finanziell überhoben. Sie bräuch-

ten schnell finanzielle Mittel, denn sie präferierten ein anderes Projekt und dort stünden sie nun unter Zugzwang.
Gesagt, getan, wir saßen in Stockholm zusammen – die beiden Gründer, Vater und Sohn, uns gegenüber, ein Bild des Jammers. Geknickt erläuterten sie ihr Dilemma. Im Hochgefühl, ein Schnäppchen zu machen, griffen wir zu. Dazu müsste ich vielleicht noch erwähnen, dass mein Freund zur schwedischen Oberschicht gehörte und als prominenter Geschäftsmann Zugang zu den besten Kreisen in Stockholm hatte. Ich fühlte mich als Ausländer also gut aufgehoben.
Und wie ist das Ganze schließlich ausgegangen? Kein halbes Jahr später entpuppte sich der tolle »Deal« als desaströses Investment. Der vermeintlich niedrige Ausverkaufspreis, den wir freudig gezahlt hatten, war gar nicht so niedrig gewesen, wie wir dachten. Die Probleme häuften sich bei der Firma, und am Ende hatten wie Einbußen von fast 80 Prozent zu verbuchen. Ich kann es juristisch nicht belegen und Ihnen auch nicht beweisen. Aber heute bin ich mir ganz sicher, dass Vater und Sohn gewitzter waren und wir auf eine tolle Show hereingefallen sind.
Seitdem bin ich extrem vorsichtig geworden und auf der Hut. Es war eine wertvolle Erfahrung zu erleben, dass nicht die anderen die Trottel waren, sondern am Ende ich. Immer wenn die Argumente zu simpel sind, der Fall zu einfach liegt und es beispielsweise heißt,

- der Verkäufer hat eine teure Scheidung zu verkraften,
- die Bank macht denen Ärger,
- der Mann ist ja gesundheitlich schwer angeschlagen,

dann läuten bei mir die Alarmglocken, und meine Investitionsampel springt erst einmal auf Rot.

Tipps für den Arbeitsalltag

Verhandlungen, Konferenzen, Seminare, Podiumsdiskussionen und Vorträge sind eine spannende Sache. Aber für die meisten von Ihnen wird das eher die Ausnahme sein. Nichts bestimmt unser Leben so sehr wie die normale Tagesroutine, denn in der Regel werden Sie während Ihres Lebens mehr Zeit im Beruf verbringen als zu Hause.

Es hängt natürlich ganz von Ihrer jeweiligen beruflichen Tätigkeit ab, inwieweit Sie Einfluss auf den Ablauf Ihres Arbeitsalltags nehmen können. Nicht bei jeder Tätigkeit werden sich Gestaltungsmöglichkeiten ergeben. Der Krankenhauschirurg, der von morgens früh bis abends spät im Operationssaal steht, ist da naturgemäß stärker eingeschränkt als der freischaffende Drehbuchautor, der sich auf Fernseh-Telenovelas spezialisiert hat. Dennoch glaube ich, dass jeder im Zeitablauf die Chance hat, seinen Arbeitsalltag ein wenig zu erleichtern und damit seine Lebensqualität zu verbessern. Dazu ein paar Anregungen.

1. Nur eine Kiste am Tag

Ich weiß nicht, ob es Ihnen auch schon einmal so ergangen ist, aber bei mir sah das früher so aus: Ich ging mit Elan an die Arbeit, war recht gut organisiert und bemühte mich, viel in meinem Arbeitspensum zu erledigen. Und dennoch verging kaum ein Tag, an dem ich nicht mit einem unbefriedigenden Gefühl nach Hause ging. Ich hatte in der Regel nicht so viel geschafft, wie ich mir vorgenommen hatte. Immer lag ein Zettel mit unerledigten »To-do-Punkten« auf dem Schreibtisch. Es war geradezu fatal. Obwohl ich erfolgreich war, verließ ich viel zu häufig mein Büro mit einem latent schlechten Gewissen.

Wie habe ich Abhilfe geschaffen? Mit einer an sich einfachen Regel, die da heißt: »Nur eine Kiste am Tag.« Jeden Morgen nach dem Aufstehen, beim Frühstück oder auf dem Weg zur Arbeit entscheide ich mich bewusst für eine Arbeitspriorität. Diese notiere ich mir auf einem Blatt Papier und lege den Zettel im Büro vor mich hin. Egal, wie der Tag dann auch verläuft, diese eine Aufgabe gilt es in jedem Fall zu erledigen. Wenn mir das gelingt, dann habe ich mein Tagesziel erreicht. Damit habe ich mir das Recht erworben, richtig zufrieden mit mir sein zu dürfen. Es macht dann gar nichts, dass weitere Erledigungen auf einem anderen Blatt Papier für den nächsten Tag auf mich warten. Das wird immer so sein. So ist nun einmal das Leben. Aber es betrübt mich nicht länger.

Diese Einstellung »Nur eine Kiste am Tag« ist auch das Geheimnis der besonders erfolgreichen Menschen. Angesichts der Fülle an Entscheidungen, die diese täglich treffen müssen, habe ich mich immer gefragt: Wie kriegen die das hin? Der Tag hat doch auch für diese Leute nur 24 Stunden. Der US-Milliardär und Investor Charlie Munger, 96 Jahre alt und im Jahr 2020 an der Seite von Warren Buffett aus Omaha/Nebraska immer noch aktiv, ist mir da ein Vorbild. Er wurde einmal gefragt, wie er in seinem hohen Alter so viel Arbeit überhaupt erledigen könne. Für die Antwort brauchte er nicht lange nachzudenken: »Ich beschäftige mich jeden Tag nur noch mit dem eigentlich Wichtigen. Alles andere lasse ich kaum noch an mich ran.«

2. Sind Biorhythmus und Gesundheit auf Ihren Job abgestimmt?

An dieser Stelle möchte ich auf einen sehr wichtigen Faktor für Ihr ganzes Berufsleben hinweisen. Kein Universitätsprofessor und Personalberater wird Sie darauf aufmerksam machen: Nehmen Sie Ihre gesundheitliche Konstitution und Ihren Biorhythmus ernst. Analysieren Sie Ihre medizinische Ausgangslage. Lassen Sie sich hinsichtlich Belastbarkeit, Bewegungsbedarf, Körperkraft, Gelenkigkeit und Schlafbedürfnis gründlich untersuchen, ganz nach der Anforderung Ihrer jeweiligen Tätigkeit.

Es bringt Ihnen gar nichts, Ihre körperliche und mentale »Grundausstattung« zu ignorieren nach dem Motto »Zähne zusammenbeißen«. Es ist nur zu verständlich, dass dies keiner gerne hört. Ich erinnere mich nur zu gut, wie mein Vater mich früh mit seinen dauernden Hinweisen auf dieses Thema genervt hat. Heute weiß ich, dass er recht hatte und es gut mit mir meinte.

Wer morgens schlecht aus den Federn kommt, der sollte es sich dreimal überlegen, ob er sich mit dem Import von Erdbeeren aus Israel selbstständig machen sollte. Diese werden nämlich um vier Uhr in aller Herrgottsfrühe am Airport eingeflogen. Da nützt auch die Aussicht auf ein Millioneneinkommen nichts.

Von jeher hat mich geschäftlich das Nachtclubmilieu fasziniert. Zum Glück hat meine Berufslaufbahn eine andere Richtung genommen, denn ich kann machen, was ich will, ich bin einfach keine »Nachteule« und werde abends früh müde. Von jeher brauche ich viel Schlaf. Dies ist eine Konstante in meinem ganzen Leben geblieben.

Es ist bemerkenswert, wie leistungsfähig Menschen sind, die es geschafft haben, ihren Biorhythmus ganz konsequent auf ihren Beruf abzustimmen. Da gibt es die erstaunlichsten Beispiele. In Australien hatte ich in den 1990er-Jahren mit dem Lebensmittelgroßhändler John Davids geschäftlichen Kontakt. Zur damaligen Zeit dirigierte er ein beachtliches Firmenimperium. Mit seiner Davids-Holdings-Unternehmensgruppe bewältigte er ein enormes Arbeitspensum. Er war ein besessener Frühaufsteher. Wenn man etwas richtig Wichtiges von ihm wollte, musste man um 5 Uhr morgens in seinem kleinen Privatbüro in der Innenstadt von Sydney antreten. Da hatte er dann schon bereits längere Zeit gesessen und die Geschäftszahlen des Vortages studiert.

Wenn Sie das Gefühl haben, in Ihrer jetzigen Arbeitssituation nur wenig Spielraum für Veränderungen zu haben, so lohnt es sich doch, zumindest über kleine Maßnahmen nachzudenken. Einige Beispiele, je nach Biorhythmus und echtem Bedürfnis:

- Legen Sie kürzere Pausen ein.
- Denken Sie einmal über »Schocklüftung« nach, sofern Sie ein Fenster öffnen können.
- Was ist mit einem kurzen Mittagsschlaf? Einem sogenannten »Power Nap«? Sind dazu keine Räumlichkeiten vorhanden, dann gehen Sie ins Parkhaus zu Ihrem Auto. Falls Sie mit dem öffentlichen Nahverkehr zur Arbeit kommen, fragen Sie Kolleginnen oder Kollegen, die mit einem Pkw da sind.
- Erkundigen Sie sich nach einem anderen Einsatzplan. Vielleicht ist Ihr Arbeitgeber froh, wenn einer bis spätabends im Büro zurückbleibt; dafür brauchen Sie erst gegen Mittag anzutreten.

Seien Sie also kreativ und umsichtig. Wahrscheinlich lässt sich in Ihrem derzeitigen Umfeld über die Zeit viel mehr zu Ihrem Vorteil ändern, als Sie denken.

Wenn es um ein neues Jobangebot geht, dann sollten Sie sehr auf Ihre gesundheitlichen Anforderungen achten. Machen Sie Ihren Standpunkt von Anfang an klar. Ducken Sie sich nicht ängstlich weg, wenn man Sie in ein unpassendes Büroraster stecken will. Knicken Sie nicht gleich ein, ohne ein Wort zu sagen. Wenn es hart auf hart kommt und Sie meinen, die richtige Person für die Stelle zu sein, dann sollten Sie Ihren potenziellen neuen Arbeitgeber mit der Frage konfrontieren: »Hören Sie: Wollen Sie eigentlich meinen Hintern oder meinen Kopf?«

3. Wie Sie besser durch den Arbeitstag kommen

Es braucht aber nicht immer lange Gespräche mit Ihren Vorgesetzten oder Kollegen. Vieles lässt sich optimieren, auch ohne eine Genehmigung einholen zu müssen. Schon mit kleinen Veränderungen in Ihren Angewohnheiten können Sie sich Ihren Arbeitsalltag leichter gestalten und zugleich Ihre Effizienz steigern.

Sicher haben Sie selbst dazu die eine oder andere Idee. Falls Sie diese aber noch nicht in die Tat umgesetzt haben – aus welchen Gründen auch immer –, dann möchte ich Sie dazu ermutigen. Geben Sie sich einen Ruck und überwinden Sie gegebenenfalls den »inneren Schweinehund«.

Von meiner Seite hier nun ein paar Vorschläge als Anregung für Sie:

- Beginnen Sie Ihren Arbeitstag grundsätzlich mit einer kleinen Aufgabe, die Ihnen leicht und schnell von der Hand geht. Das gibt Ihnen sofort ein gewisses Erfolgserlebnis. Es hinterlässt ein gutes Gefühl, mit dem Sie dann in den Arbeitstag gehen. Starten Sie also nicht mit einer komplizierten Aufgabenstellung, bei der schon der Gedanke daran Ihnen Sorgen bereitet.
- Bleiben Sie spontan. Tragen Sie geschäftliche Sorgen nicht zu lange mit sich herum. Vermeiden Sie es, ins Grübeln zu verfallen und Mutmaßungen anzustellen; zum Beispiel »was wohl sein könnte oder wie Herr Burger zu dem Thema steht«. Greifen Sie stattdessen lieber gleich in dem Moment zum Telefon, wenn sich der Gedanke oder die Sorge bei Ihnen bemerkbar macht.
  Die Vorteile einer solchen Spontanität konnte ich in der Europazentrale eines amerikanischen Weltkonzerns am Zürichsee in den 1980er-Jahren gut beobachten. Je höher man in der Hierarchie mit Managern zu tun hatte, umso entspannter und unverkrampfter wurde der Umgangston. Vorbildlich in dieser Hinsicht war der Präsident. Eines Tages saß ich in seinem Büro und schlug eine Transaktion mit einem anderen Unternehmen vor. Er hörte sich alles in Ruhe an. Er erwähnte, dass er den Chef dieses Unternehmens neulich bei einem Empfang kennengelernt habe.

Ohne langes Zögern bat er seine Sekretärin, eine Telefonverbindung herzustellen. Das Telefonat lief in meiner Erinnerung etwa so ab: »Hey, Joe, hier ist Charles. Wir haben uns doch neulich in der Lobby des Baur au Lac Hotels getroffen. Hör mal, ich sitze hier gerade mit einem jungen Mitarbeiter zusammen. Er hat sich eure Situation angeschaut und ist der Überzeugung, ein Joint Venture unserer Firmen in dem Segment X würde Sinn machen. Was meinst du dazu? Wäre das was?« Gemurmel auf der anderen Seite, dann: »Aha, verstehe, alles klar ... Ihr habt da schon mal eine schlechte Erfahrung gemacht ... Ihr wollt den Weg lieber alleine gehen ... Dann macht ein Joint Venture ja keinen Sinn. Kein Problem, dann bis zum nächsten Mal.« Telefonat beendet. An mich gewandt: »Tja, Elsässer, Sie haben es ja gehört, da wird nichts draus. Dennoch ein guter Ansatz von Ihnen. Weiter so. Lassen Sie sich nicht entmutigen.« – Diese Effizienz hat mich schon damals sehr beeindruckt: keine Meetings, kein unnützer Papieraufwand, kein langes Hin und Her, alles gleich auf den Punkt gebracht, und ruckzuck hatten wir ein Ergebnis.

- Zum Thema »Arbeitseffizienz« ist mir ein Bericht über Sir Siegmund G. Warburg (1902–1982) in Erinnerung geblieben. Er wanderte 1934 nach London aus und gründete eine Merchant Bank, also eine private britische Spezialbank, die später unter dem Namen S.G. Warburg & Co. berühmt wurde. Als Außenseiter und Pionier des modernen Investmentbankings ist ihm der Aufbau eines weltbedeutenden Instituts gelungen. Seine Lebens- und Arbeitsleistung hat mich von jeher fasziniert. Er wurde oft gefragt, wie ihm das überhaupt gelungen sei. Stets gab er zur Antwort: »Ich habe immer die Sekunden genutzt.«

  Ja, die Sekunden nutzen! Das ist eine verblüffend einfache Weisheit. Viel zu viel Zeit bleibt während des Arbeitstages unproduktiv auf der Strecke. Ich spreche nicht über kleine Pausen der Erholung. Vielmehr geht es um den Kleinkram, der einem die Zeit raubt:

  - ein viel zu langes Telefonat über private Erörterungen, bevor man zum eigentlichen Thema kommt;
  - ein Schwätzchen auf dem Flur mit einer Kollegin oder einem Kollegen;

- jemanden, der ungebeten in Ihr Büro hereinplatzt und Sie mitten bei einem guten Arbeits- und Gedankengang stört;
- unstrukturiertes Arbeiten ohne gute Zeiteinteilung und Ähnliches.

Da gibt es während Ihres Arbeitstages sicher noch viele andere Beispiele. Verstehen Sie mich nicht falsch: Es ist nicht meine Absicht, Sie gehetzt wie ein Reh bei der Arbeit sehen zu wollen. Sie sollen auch nicht mit Druck im Nacken am Schreibtisch sitzen. Das wäre ungesund. Gemeint ist vielmehr, den unnötigen Verlust der vielen kleinen Minuten des Tages zu reduzieren. Diese addieren sich nämlich zu größeren Zeiteinheiten auf.

Meine Tante, eine promovierte Juristin, die viele Jahre in einem Bundesministerium als Referatsleiterin tätig gewesen ist, hat es hier zu einer gewissen Perfektion gebracht. Sie hatte festgestellt, dass sie immer wieder viel zu häufig auf die Uhr schaute, wenn sich ein Besucher zu einer festen Uhrzeit angesagt hatte. Außerdem beendete sie ihre jeweilige Arbeit meist fünf Minuten vor dem Termin. Diese Irritation während der letzten 15 Minuten vor Erscheinen des Besuchers und der »Leerlauf« von fünf Minuten kurz vor dem Treffen waren ihr ein Gräuel.

Eines Tages hatte sie die Lösung: Sie brachte eine Eieruhr von zu Hause mit und stellte diese auf ihren Schreibtisch. War ihr Treffen beispielsweise auf 16 Uhr terminiert, so stellte sie auch den Wecker ihrer Eieruhr auf genau 16 Uhr. Bis zum Klingeln des Weckers verschwendete sie zwischendurch keinen einzigen Gedanken mehr daran, wie viel Zeit ihr bis zum Eintreffen des Besuchers noch blieb. Sie gewöhnte sich an, stur konzentriert durchzuarbeiten. Erst Schlag 16 Uhr ließ sie den »Griffel fallen«.

Egal in welchem Metier Sie tätig sind, ich bin mir sicher, dass sich auch in Ihrem Tagesablauf so einiges optimieren lässt. Effizienz und mehr Schaffenskraft sind das eine Ziel. Doch mir geht es am Ende des Tages um einen weiteren Aspekt für Sie. Dazu eine kleine Geschichte zur Veranschaulichung.

Stephen Brown aus London, seit 45 Jahren Gebrauchtwagenhändler, spezialisiert auf die Marken Bentley und Rolls-Royce, ist ein wahrer Meister der Selbstorganisation. Als ich ihn vor vier Jahren einmal fragte, wie er über einen so langen Zeitraum im Business zurechtgekommen sei, antwortete er mir lächelnd: »Oh Markus, we are always busy but never in a hurry.« Dieser Satz gefällt mir gut. Schreiben Sie ihn doch auf: immer gut beschäftigt, aber nie in Eile. Always busy, but never in a hurry. Da müssen Sie langfristig hinkommen, ansonsten haben Sie etwas falsch gemacht.

4. Geben Sie auf sich acht

Apropos falsch machen – da kommen mir noch zwei Punkte in den Sinn, die ich nicht versäumen möchte zu erwähnen:

- Erstens: Bei aller Arbeitsleistung sind wir ja nur Menschen. Neben unseren Stärken besitzen wir auch so unsere Eigenheiten und »Macken«. An denen werden wir nicht viel ändern können. Was Sie betrifft, so sollten Sie sich aber über diese bewusst werden.
  Ob Sie nun in bestimmten Stressmomenten zu Jähzorn oder Wutausbrüchen neigen, ob in Ihnen eine destruktive, selbstzerstörerische Ader schlummert, die sich gelegentlich aus dem Unterbewusstsein bei Ihnen meldet, ob Sie hin und wieder viel zu dünnhäutig sind oder ob Sie dazu neigen, sich in prekären Situationen um Kopf und Kragen zu reden: Ignorieren Sie Ihre Veranlagung nicht. Schauen Sie genau auf diese Schattenseite Ihres charakterlichen Zuschnitts.
  Ich empfehle Ihnen, Ihr eigenes »SOS-Alarmsystem« zu entwickeln. Wann immer Sie merken, dass bei Ihnen etwas anfängt, aus dem Ruder zu laufen, wenn die Pferde anfangen, mit Ihnen durchzugehen, dann heißt es aufgepasst! Lassen Sie in diesen Momenten den Dingen nicht ihren freien Lauf.
  Gewöhnen Sie sich an gegenzusteuern. Kleinere Tricks können Ihnen dabei helfen: Verlassen Sie kurzfristig den Raum und atmen Sie an der frischen Luft tief durch. Beruhigen Sie Ihre Nerven unter dem Wasserhahn auf der Toilette. Ganz gleich wie, in jedem Fall sollten Sie sich ein Verhaltensmuster auferlegen, um sich in den Griff zu bekommen.
- Zweitens möchte ich auf eine eiserne Regel hinweisen: »In Form sein ist alles! Wenn man nicht in Form ist, soll man sich besser nicht zeigen.« Diese Erkenntnis habe ich von dem Philosophen Oswald Spengler (1880–1936) übernommen. *Ich verdanke diesen Hinweis meinem verstorbenen Arzt Prof. Theo Binder (1919–2011), der als junger Mann noch den berühmten Urwald-Doktor Albert Schweitzer im Elsass kennenlernen durfte.*
  »Wenn Sie nicht in Form sind, dann treten Sie auch nicht auf« – schleppen Sie sich also nicht mit einer Grippe zu einem noch so

wichtigen Geschäftstermin. Lassen Sie sich nicht von vermeintlich beruflichen Zwängen vergewaltigen. Gehen Sie nicht auf die Argumente Ihrer Kolleginnen und Kollegen ein nach dem Motto: »Das kannst du jetzt nicht machen, der Termin steht schon so lange fest, heute soll doch alles entschieden werden ...«

Wider besseres Wissen habe ich mich häufig breitschlagen lassen und saß dann da, eine jämmerliche Figur abgebend und einen schlechten Eindruck hinterlassend, wie ein »Schluck Wasser in der Kurve«. Nach einem solchen Termin habe ich mich immer maßlos geärgert – über mich selbst.

Empfehlungen aus Elsässers Schatzkiste

Wenn Sie im Beruf richtig aufgestellt sind, Ihr Netzwerk steht und Sie Ihren Arbeitsalltag im Griff haben, dann sollten Sie auf den »Feinschliff« achten. Ab einem bestimmten Punkt sind es nämlich oft Kleinigkeiten, die den Unterschied im Leben ausmachen. Sehr häufig sind Sie sich beispielsweise über die Wirkung Ihres Auftretens gar nicht bewusst. Je älter Sie werden, umso geringer wird die Wahrscheinlichkeit, dass Ihnen jemand die Wahrheit sagt, wenn es um Ihre eigene Person geht.

Aus den Beobachtungen und Erfahrungen anderer Menschen gibt es unendlich viel zu lernen. Die »Schule des Lebens« ist mit der beste Lehrmeister. Ich habe mir angewöhnt, genau hinzuschauen, mir Situationen in Erinnerungen zu rufen und daraus Schlussfolgerungen für mich zu ziehen. Damit bin ich gut gefahren.

In den nachfolgenden Kapiteln möchte ich in meine »Schatzkiste« greifen. Dort befinden sich Hinweise und Empfehlungen, die Ihnen vielleicht helfen, das eine oder andere Fettnäpfchen zu vermeiden und elegant so manche Hürde zu nehmen. Häufig sind es nur kleine Tricks, die Ihnen banal vorkommen werden. Ich habe aber selbst am eigenen Leib festgestellt, dass so manch dezenter Hinweis durchaus eine große Wirkung entfalten kann.

Nutzen Sie also die Fülle der nachfolgenden Gedanken und Ratschläge. Konzentrieren Sie sich auf diejenigen Tipps, wo es bei Ihnen »Klick« macht. Merken Sie sich diese Ideen. Legen Sie sich dazu ein Notizbüchlein an: Ihren eigenen »Ideentresor«.

Ich wünsche mir, dass ich Ihnen helfen kann, ein besseres Verständnis für die Abläufe des Lebens zu bekommen. Es ist von unschätzbarem Vorteil, mehr Durchblick zu haben, wie es im Leben wirklich läuft. Dazu gehört die Kenntnis der eigentlichen, oft unausgesprochenen Regeln des gesellschaftlichen Miteinanders. Je mehr Gefühl Sie für die Abläufe hinter den Kulissen entwickeln, umso größer sind Ihre Chancen, ein angstfreies und erfolgreiches Leben zu führen.

1. Das Vermächtnis des Aristoteles Onassis

Ich habe mich immer darum bemüht, von erfolgreichen Menschen zu lernen. Wenn ich diese nicht persönlich kennenlernen konnte, so habe ich versucht, zumindest mit Weggefährten zu sprechen. Ansonsten habe ich viel über sie recherchiert und sämtliche Biografien über sie gelesen.

In besonderer Erinnerung ist mir der berühmte griechisch-argentinische Reeder Aristoteles (»Ari«) Onassis (1906–1975) geblieben. Geboren und aufgewachsen in Izmir, ausgewandert nach Argentinien, dort zum Millionär in der Tabakbranche geworden, stieg er nach dem Zweiten Weltkrieg weitsichtig und mutig in das internationale Schifffahrtsgeschäft ein. Auf dem Höhepunkt seiner Karriere umfasste die Flotte seiner 30 Reedereien insgesamt 900 Schiffe. Mit seinem Tod im Jahr 1975 hinterließ er ein großes Erbe. Heute, im Jahr 2020, gehört seine Enkelin, Athina Onassis-Roussel, zu den reichsten Frauen der Welt.

Onassis war einer der gewieftesten Geschäftsleute seiner Zeit. Bei der Lektüre seiner Biografie bin ich auf sein Erfolgs-Credo gestoßen. Ich war überrascht, worauf er Wert gelegt hat. Das waren Ratschläge, die ich wirklich an keiner Universität zu hören bekommen habe. Hier seine elf Punkte, die ich mit meinen eigenen Worten auf Deutsch zusammengefasst habe:

1. Mach dir keine Sorgen um dein Äußeres. Du bist nicht so hässlich, wie du vielleicht über dich denken magst.
2. Wenn du etwas Wichtiges zu erledigen hast, trink keinen Alkohol und iss etwas Leichtes.
3. Erfreue dich abends an einem guten Essen mit Freunden, sprich aber nicht über Geschäftliches.
4. Halte dich fit. Yoga ist gut.
5. Laufe nie leichenblass herum, setz dich notfalls vor eine Höhensonne. (Anmerkung: Damals gab es noch keine Sonnenstudios).
6. Entwickle einen erfolgreichen Lebensstil. Achte auf eine Top-Adresse; wohne dort notfalls in einem winzigen Dachappartement. Verbringe viel Zeit in dem teuersten Café, auch wenn du dir nur

ein Getränk leisten kannst. Du wirst bald feststellen, dass Menschen mit viel Geld oft sehr einsam sind.

7. Wenn dir das Geld für ein lukratives Geschäft fehlt, dann leihe es dir. Frage aber immer nach einem großen Kredit. Zahle stets pünktlich zurück.
8. Behalte deine Sorgen für dich und lasse alle glauben, dass es dir prächtig geht.
9. Schlafe nicht zu viel, sonst wachst du eines Tages als Versager auf.
10. Lies nicht zu viel über andere Menschen, kümmere dich nicht darum, was sie machen oder gemacht haben. Es ist viel besser, wenn du anfängst, dein eigenes Leben aufzubauen.
11. Das wahre Geheimnis hinter dem richtig großen Erfolg: der Mut, große Risiken einzugehen.

Ich empfehle Ihnen, sich ganz grundsätzlich in Ihrem jeweiligen beruflichen Umfeld an erfolgreichen Menschen zu orientieren. Gewöhnen Sie sich an, weniger auf die Storys der Bedenkenträger, Zyniker und Zauderer um Sie herum zu achten. Zeigen Sie Anteilnahme, aber halten Sie sich von permanent negativem Gedankengut fern. Verschwenden Sie nicht Ihre Zeit. Gehen Sie auf Abstand zu dieser Art von »Lähmungsgift«.

2. Bloss keine Heldenverehrung

In seinem vorhergehenden Punkt Nummer 10 spricht Onassis einen wichtigen Aspekt an, den ich nur bestätigen kann: Allzu leicht wird aus der Beschäftigung mit dem Werdegang der »Schönen und Megareichen« eine Art Heldenverehrung. Viele »Fans« und »Follower« verlieren jegliches Augenmaß. Auf dem Podest der Verehrung werden die von ihnen bewunderten Menschen in den Guru-Status gehoben. Leider ufert die Begeisterung häufig in eine allumfassende und unreflektierte Verherrlichung aus. Wie magnetisiert kleben die Fans an den Lippen ihrer Stars. Es wäre viel besser, genau zu analysieren, was davon auf ihr eigenes Leben sinnvoll anwendbar wäre.

Das ist eine verständliche und verhängnisvolle Neigung, die offensichtlich tief in uns Menschen ruht. Schon Rebbe Tewje, der Milchmann, singt im Musical *Anatevka – Der Fiedler auf dem Dach*: »... denn, wenn man reich ist, gilt man auch als klug«. Der Text stammt von dem Autor Scholem Alejchem, 1859–1916, der die charakterlichen Eigenheiten der Menschen an vielen Stellen vorzüglich beschrieben hat. Lassen Sie sich nicht vom scheinbaren Glanz und Glamour täuschen. Auf der anderen Seite des Zauns ist das Gras nicht immer grüner. Hinterfragen Sie bei der jeweiligen Biografie, worauf der Erfolg basiert.

Erfolg ist nicht gleich Erfolg. So manche Erfolgsgeschichte steht – wenn man genauere Erkenntnisse erlangt – auf tönernen Füßen. Hinter den Kulissen sieht es oft gar nicht so solide aus: Da findet sich beispielsweise ein Berg von Schulden oder eine gekonnt inszenierte Fassade. Statt auf Kompetenz und eigener Kraft ruht so manche Unternehmung auf den Finanzmitteln aus einem üppigen Erbe. Wie sagt mein Bankier abschätzig, aber zutreffend: »Public Relations und PR-Arbeit braucht doch nur derjenige, der auch Kredit braucht.«

Beneiden Sie Ihre Helden also nicht in naiver Weise. Ich kann Ihnen versichern: Je mehr Biografien Sie lesen – auf der privaten Seite sind Ihre »Stars« häufig bedauernswerte Menschen. Persönliches Glück, Zufriedenheit und Seelenfrieden werden Sie selten antreffen.

Seien Sie also gescheit. Versuchen Sie Ihre Vorbilder nicht nachzuäffen. Erstarren Sie nicht in Bewunderung. Legen Sie die Worte des Meisters nicht auf die Goldwaage. Aber schöpfen Sie die Tropfen der Weisheit und Erfahrung aus dem riesigen Fundus der wahren Könner.

Es gibt auch keinen Grund für Minderwertigkeitsgefühle Ihrerseits. Befolgen Sie den Ratschlag von Onassis und mir: Entwickeln Sie Ihren eigenen Stil und bauen Sie Ihren eigenen Erfolg auf. Machen Sie dies auf Ihre ganz eigene Art und Weise. Gehen Sie zu Werke in dem Tempo, das zu Ihnen passt. Ich versichere Ihnen, mit Ihrem eigenen Entwurf wird es gelingen. Dazu brauchen Sie keine Eins-zu-eins-Kopie Ihres Vorbildes zu werden.

3. »Könnte sich dieser Mann auch selber ernähren?«

In Ihrem Bemühen, von anderen Menschen zu lernen, möchte ich Sie voll und ganz bestärken. Deshalb ist es mir ein besonderes Anliegen, Sie an einer empfindsamen Stelle zu sensibilisieren: Fallen Sie nicht auf Pseudo-Champions und Blender herein. Gehen Sie den vielen Scharlatanen und Schwätzern aus dem Weg. Es gibt die schön formulierte alte Weisheit: »Eine halbe Stunde mit einem Dummen verbracht, hat man ein halbes Leben lang damit zu tun.«

Seien Sie also immer auf der Hut, wenn Sie erstmals auf eine raumgreifende und beeindruckende Person stoßen. Besonders privilegiert sind Männer von großer Statur, die mit sonorer Stimme selbstbewusst und eloquent in Erscheinung treten. Das Gleiche gilt für Frauen, die mit natürlichem Charme und angenehmem Äußeren einen glänzenden und selbstbewussten Auftritt hinlegen.

Seien Sie ehrlich: Um wie viel haben es da doch diejenigen schwerer, die von der Natur benachteiligt sind, beispielsweise mit einer Fistelstimme oder einem entstellten Gesicht. Da nimmt das gesprochene Wort nicht automatisch den Klang einer profunden Weisheit an. Und ist es nicht so, dass Sie von diesen Menschen nicht gleich auf Anhieb in den Bann gezogen werden?

Kaum einer von uns wird sich von solchen oder ähnlichen irrationalen Gefühlen freisprechen können. Ich empfehle Ihnen, sich dessen bewusst zu werden. Bauen Sie deshalb in Ihr Denken einen »Gegen-Mechanismus« ein. Gewöhnen Sie sich an, immer erst einmal mit kritischem Blick auf eine neue Bekanntschaft zuzugehen. Tasten Sie sich vorsichtig heran, wenn Sie ad hoc ein Urteil über eine Person fällen. Ich habe mich darauf trainiert, in solchen Situationen eine Art gedanklichen »Erstaufnahmemodus« einzuschalten.

Ich erinnere mich noch gut an ein Gespräch mit einem faszinierenden Personalberater in Hamburg. Er war ungarischer Abstammung, sehr gebildet und ein »alter Hase« in seinem Metier. Wir hatten uns über die Jahre ein wenig angefreundet. Für ihn bildete genau dieses Thema eine der wichtigen Herausforderungen in seinem Beruf: Wie konnte er möglichst schnell und mit sicherem Instinkt herauszufinden, ob es sich bei einer Person um einen Könner oder einen Blender handelte?

Er hatte dazu eine pfiffige Fragestellung auf Lager. In seinem sympathischen ungarisch-deutschen Dialekt mit einem rollenden »R« sagte er zu mir: »Sehen Sie, Herr Elsässer, immer wenn ich in dem imposanten Büro von so einem großen Konzernvorstand oder einem mächtigen Generaldirektor sitze, dann bewegt mich nur eine Frage: Könnte sich dieser Mann eigentlich auch selber ernähren?«

Es gibt unzählige Sprüche und Zitate zum Phänomen der Blender. Drei davon möchte ich Ihnen zum Besten geben:

- Von leeren Fässern ist der Lärm am größten.
- Singen kann ich zwar nicht, verstehen tue ich allerdings allerhand davon.
- Und die amerikanischen Geschäftsleute formulieren es so: *Sure, he can talk the talk, but can he walk the walk?*

Was die endgültige Einschätzung einer Person angeht, so kann ich Ihnen nur empfehlen, sich Zeit zu lassen. Ich setze mich da überhaupt nicht unter Druck und bleibe ganz gelassen. Aus meiner Erfahrung braucht man mindestens zwei Jahre, bis man eine Chance hat, hinter die Stirn eines anderen Menschen zu schauen.

Manchmal braucht es noch viel länger, um das wahre Gesicht eines anderen Menschen kennenzulernen. Oft sind es gravierende Ereignisse, die bei Ihrem Gegenüber eine Rolle spielen. Dies könnte zum Beispiel sein,

- wenn ein neuer Lebensabschnittsgefährte in sein Leben tritt,
- wenn er mit einer Krankheit oder einem Todesfall konfrontiert wird,
- wenn er eine herbe finanzielle Einbuße erleidet oder
- wenn ihm ein Volltreffer im Lotto gelingt.

Kalkulieren Sie ein, dass sich auch erwachsene Menschen im Laufe der Zeit extrem verändern können. Wenn dies eines Tages eintritt, dann fallen Sie bitte nicht aus allen Wolken. Es ist nicht meine Absicht, Sie mit diesen Erläuterungen zu einem misstrauischen Menschen zu machen. Aber ein erfolgreiches Berufsleben hat mich gelehrt: »Man traut jemandem so lange nicht, bis derjenige sich als vertrauenswürdig erwiesen hat.«

4. Die Kehrseite von Erfolg und Vermögen

Beim Thema Erfolg und Vermögen gibt es aber auch eine Kehrseite der Medaille. Dazu an dieser Stelle zwei Anmerkungen.

- Wenn Sie bereits »oben« angekommen sind oder gerade dabei sein sollten, auf die Überholspur einzubiegen, lauert eine andere Gefahr. Ich konnte dies bei vielen reichen Unternehmern und Investoren aus nächster Nähe beobachten. Ehe man sich's versieht, klopfen zwei üble Kameraden an die Türe. Es sind dies: die Selbstzufriedenheit und die Überheblichkeit.
  Ich weiß noch sehr genau, wie ich vor vielen Jahren mit einem anderen Investor in Freiburg zusammensaß. Wir unterhielten uns über einen gemeinsamen Bekannten, Herrn R., der aus unserer professionellen Sicht mit seinen Investments nicht gut vorankam. Gleichwohl war er zwischenzeitlich dank einer Erbschaft zu einem großen Vermögen gekommen. Ich stellte fest: »Der Herr R., der lernt auch wirklich nichts mehr dazu!« Daraufhin mein Bekannter: »Wer so reich ist wie der, der braucht auch nichts mehr dazuzulernen.«
  Nun, ich rate Ihnen von solch einer Einstellung ab. Wenn vor Ihnen der rote Teppich ausgerollt wird, weil Ihnen scheinbar alles gelingt und in Ihren Händen zu Gold wird, dann bilden Sie sich bitte nicht zu viel darauf ein. Vergessen Sie nie: »Kaufmannsgut ist Ebbe und Flut.«
  Die Historie lehrt: Die Arbeit und der Erfolg eines ganzen Lebens können innerhalb eines Tages oder einer Woche verloren gehen. Hängen Sie Ihr Selbstverständnis und Selbstbewusstsein nicht an Erfolgen und materiellen Besitztümern auf. Klammern Sie sich auch nicht ängstlich an Positionen der Macht. Denken Sie an die Vertriebenen und Adeligen, die nach dem Zweiten Weltkrieg im Osten Europas alles verloren haben.
  In solch extremen Situationen kommt die Robustheit Ihrer Lebensphilosophie auf den Prüfstand. Nach einem Totalverlust oder einer Katastrophe stellt sich die Frage, ob Sie als gebrochene Persönlichkeit am Leben verzweifeln oder ob Sie seelisch intakt mit erhobenem Haupt erneut antreten.

Kluge Geschäftsleute haben es schon immer gewusst: Bringen Sie Ihr Leben in eine Balance. Grämen Sie sich auf der einen Seite nicht zu sehr über Verluste und Rückschläge. Aber freuen Sie sich auf der anderen Seite auch nicht zu sehr über Ihre Erfolge und Ihr wachsendes Vermögen. Das ist eines der Geheimnisse der langfristig besonders erfolgreichen Menschen. Ich empfehle Ihnen diese exzellente Haltung als Leitlinie.

- Je erfolgreicher Sie werden, umso dünner wird die Luft. Die Zahl echter Freunde nimmt schnell ab. Je nach Branche und Position kann der Umgang mit der Einsamkeit zu einer Herausforderung werden. Nur in seltenen Fällen wird Ihnen der ganz große Erfolg im gemütlichen Beisammensein im Team gelingen. Sie werden den Weg alleine gehen müssen. Wenn Sie Außergewöhnliches erreichen wollen, ist es illusorisch zu glauben, dass Ihnen dies auf gewöhnlichen Wegen und auf ausgetretenen Pfaden gelingen wird.

  Unweigerlich werden Sie dem Faktor »Neid« begegnen. Daran wird sich kaum etwas ändern lassen. Die Frage ist nur, in welchem Ausmaß Sie diesen zu spüren bekommen werden. Mit großer Wahrscheinlichkeit werden Sie beispielsweise mit höheren Rechnungen seitens Ihrer Rechtsanwälte, Steuerberater und Ihres Gärtners konfrontiert werden. In England weiß jeder Hausbesitzer: Steht ein Jaguar oder Bentley in Ihrer Einfahrt, kostet Sie der Handwerker das Doppelte.

  Entwickeln Sie sich aber daraufhin nicht zu einem Geizhals. Diese Gefahr ist gar nicht so abwegig. Von Kurt Tucholsky (1890–1935) stammt die köstliche Beobachtung: »Der gewöhnliche Haus-Reiche (Homo pecuniosus communis) trägt als Panzer und Aura einen leichten Wams von Geiz; fahre nie mit einem reichen Mann nach Hause, der kein Auto hat – immer wirst du das Auto bezahlen.« Schön ist auch die Anmerkung des Autors Bernt Engelmann: »Reiche Onkel sind meist knauserig, wobei es auch möglich ist, dass nur knauserige Onkel reich werden.« Aus *Bernt Engelmann: Meine Freunde die Waffenhändler. Kleine Kriege – große Geschäfte, 1964.* – Spaß beiseite, nehmen Sie sich diese Onkels nicht zum Vorbild.

Lassen Sie sich auf Ihrem Weg in gar keinem Fall von Ihrem Voranschreiten abbringen. Halten Sie an Ihren Zielen fest. Ärgern Sie sich nicht über die Begleiterscheinungen Ihres Aufstiegs. Aber seien Sie sich von Anfang an im Klaren, welche Tücken und Falltüren auf Sie warten.

Hier heisst es »Aufgepasst!«

1. Humor besser mit einem kleinen »h« …

Wenn wir mit anderen Menschen zusammenkommen, dann glänzen wir allzu gerne mit humorvollen Einlagen. Es ist ein befriedigendes Gefühl, die Lacher auf seiner Seite zu haben. Eine gekonnte Redewendung, eine schlagfertige Bemerkung, und schon fliegen uns die Herzen zu. So fühlt es sich zumindest an. Oft können wir dem Reiz einer Bemerkung voller Esprit nicht widerstehen. Mit diesem Glauben begeben wir uns aber auf tückisches Terrain.

Ich rate Ihnen, mit dem Einsatz von Humor generell sehr vorsichtig umzugehen. Für mich hat das humoristische Hantieren viel mit dem Umgang mit explosivem Material gemeinsam. Im deutschen Sprachraum ist der tagtägliche Gebrauch von Humor im Geschäftsleben eher unterentwickelt und ein heikles Thema. In anderen Kulturen, zum Beispiel in der angelsächsischen Geschäftswelt, gelten ganz andere Usancen, was die Anwendung von Humor angeht. Erkundigen Sie sich also genau, wenn Sie geschäftlich in andere Länder reisen.

Wenn Sie schon Humor in Ihr Repertoire aufnehmen und Sie vor brillanten Einfällen nur so überschäumen, dann bleiben Sie wenigstens auf der sicheren Seite: Verwenden Sie den Humor gegen sich selbst! Ziehen Sie sich selbst durch den Kakao. Die Amerikaner und Engländer lernen das im Fach »Speech & Drama« in der Schule. Deshalb eröffnen die meisten Angelsachsen einen guten Vortrag mit einer scherzhaften Bemerkung über ihre eigenen Unzulänglichkeiten.

Der Geldanleger Warren Buffett, einer der reichsten Investoren der Welt, ist auf diesem Gebiet ein Meister seines Faches. Vor vielen

Jahren hatte er auf der Durchreise einen kurzen Aufenthalt in Neu-Isenburg bei Frankfurt. Ich hatte das Glück, eine der begehrten Karten für seine exklusive Abendveranstaltung (»Dinner Speech«), in die Hände zu bekommen.

Warren Buffett spielte des Öfteren auf sein biederes Aussehen an, das in der Tat bis heute weniger einem Milliardär als vielmehr einem Buchhalter gleicht. Bei dem überaus prunkvollen Galadinner trat er nach der Vorspeise auf die Bühne, begrüßte herzlich die Gäste und entschuldigte sich für seinen unmodischen Anzug. Jetzt sei er doch so reich, aber er könne machen, was er wolle, es sei einfach hoffnungslos. Die Zuhörer lauschten gespannt. Bei ihm sei es so: Ein noch so schicker Anzug vom besten Herrenausstatter verwandle sich an seinem Körper sofort in ein langweiliges Buchhalter-Outfit. Es sei hoffnungslos, er könne machen, was er wolle. Großes Gelächter; so etwas hören die Zuhörer gerne.

Wie gefährlich der Humor auf Kosten anderer hingegen sein kann, erfuhr ich an einem Fall aus meiner Verwandtschaft. Der zweite Ehemann einer nahen Verwandten war jahrelang als selbstständiger Vertreter für eine süddeutsche Fensterbaufirma tätig. Er hatte seine eigene exklusive Vertriebsregion.

Eines Tages ging der alte Geschäftsführer in Pension, und ein neuer Vertriebschef wurde ernannt. Die Vertreter aus ganz Deutschland wurden zu einer Zweitageskonferenz zusammengerufen. Die Leitung hatte der neue Vertriebs-Boss. Klein von Wuchs litt er offensichtlich am »Napoleon-Syndrom«. Mit seiner diktatorischen und wenig einfühlsamen Art ging er den alten »Vertriebs-Haudegen« bald gewaltig auf die Nerven.

Zum Abschluss der Tagung fuhr mein Verwandter mit einigen Kollegen von der obersten Etage der Firmenzentrale im überfüllten Fahrstuhl nach unten. Auf der zweiten Etage hielt der Fahrstuhl an. Der neue Vertriebschef stand vor der offenen Fahrstuhltüre und fragte: »Oh, kann ich da noch rein?« Daraufhin platzte es aus meinem Verwandten heraus: »Nur zu, keine Angst, so ein Kleiner passt da immer noch rein.« Grölendes Gelächter. Der Vertriebschef stieg nicht ein und blieb mit rotem Kopf stehen. Von diesem Tag an hatte mein Verwandter einen Todfeind. Ein Jahr nach dem Vorfall wurde ihm der Vertriebsbezirk aufgekündigt und die Zusammenarbeit beendet.

2. … und auch Kritik bitte mit einem kleinen »k«

Ganz ähnlich wie mit dem Humor verhält es sich auch mit der Kritik. Hier empfehle ich – wenn es irgend geht –, Kritik am liebsten mit einem kleinen »k« anzuwenden. Aus meiner Erfahrung sind nur wenige Menschen wirklich kritikfähig. Das gibt zwar kaum jemand zu, aber es ist nun einmal eine Tatsache.

Mit einer noch so wertvollen und konstruktiven Kritik setzen Sie sich stets dem Risiko aus, jemandem auf die Füße zu treten. Meist bleiben Sie dann auch noch unangenehm in Erinnerung. Rechnen Sie nicht mit Dank für Ihren guten Willen bei einem kritischen Einwand. Überlegen Sie genau, wie die Persönlichkeit »gestrickt« ist, die sich Ihre Kritikpunkte anhören muss. Entscheidend für Ihren Erfolg ist die richtige Verpackung und Dosierung Ihrer »Kritikpackung«. Von libanesischen Geschäftsleuten auf dem internationalen Parkett können Sie sich da einiges abgucken.

Und noch eines: oberste Alarmstufe, wenn es um Kinder oder Enkel geht! Eltern wie Großeltern werden ihre Nachkommen immer lieben, oftmals sogar abgöttisch, ganz gleich, welche Verfehlungen oder Dummheiten jene auch begehen. Kritische Anmerkungen über einen faulen Sohn oder eine zickige Tochter würde ich unterlassen.

Tappen Sie bloß nicht in die Falle, wenn Eltern wehklagen: »Ach, es ist zum Verzweifeln, unsere Tochter hat schon wieder ihr Studienfach abgebrochen und ist obendrein noch aufsässig uns gegenüber.« Wenn Sie dann aus ehrlichem Herzen beipflichten: »Das überrascht mich jetzt nicht, eure Tochter hat noch nie etwas durchgezogen, da kommt sie ganz nach ihrer Tante …«, dann haben Sie unter Umständen einen Fehler gemacht. So etwas will keiner gerne hören. Wie heißt es doch: Reden ist Silber, Schweigen ist Gold.

Ich bin mir nicht mehr ganz sicher, aber ich glaube, es war der britische Schauspieler Sir Peter Ustinov (1921–2004), dem in dieser Hinsicht einmal ein böser Fauxpas unterlaufen ist. Als wahrer Kosmopolit war er viel auf Reisen. Eines Tages wurde er zu einem vornehmen Abendempfang eingeladen. Von den Anwesenden kannte er lediglich die Gastgeberin. Zu fortgeschrittener, leicht alkoholisierter Stunde sprach er die Dame des Hauses an: »Schauen Sie, Madame, dieser junge Mann da drüben. Sieht er nicht schrecklich aus? Wie kann man nur so ungepflegt zu einem solch vornehmen Anlass kommen?« Darauf die Erwiderung: »Herr Ustinov, das da ist mein Sohn!« Ustinov reagierte daraufhin – wie ich finde – einfach erstklassig mit »Madame, das ist nicht wiedergutzumachen. Ich verabschiede mich. Wir werden uns nicht mehr wiedersehen«, ging zur Garderobe und verließ das Haus.

3. Man kann die Eitelkeit der Mitmenschen gar nicht genug überschätzen

Es gibt mehrere Arten von Magie. Eine davon ist sicherlich der gekonnte Umgang mit der Eitelkeit der Menschen. Die meisten von uns wollen es nicht wahrhaben. Sie werden es auch öffentlich kaum zugeben. Und doch ruht die Eitelkeit tief in unserem Inneren und wartet nur darauf, angesprochen zu werden.

Würde ich eine Privatuniversität leiten, dann käme das Fach »Wie gehe ich gezielt mit der Eitelkeit anderer Menschen um« als Pflichtvorlesung auf den Lehrplan; denn kaum einer wagt sich, die Bedienung der Eitelkeit als Instrument clever einzusetzen.

Obwohl wir wissen, dass beispielsweise der oberste Chef gerne etwas Nettes zu seiner Person hören würde, wird es nur selten dazu kommen. Das Potenzial, das in der Ansprache der Eitelkeit liegt, bleibt aus Unsicherheit und ungelenker Verklemmtheit meistens ungenutzt.

Dabei lassen sich mit dem gekonnten Einsatz der Eitelkeit wahre Wunder bewirken, wenn es zum Beispiel um zwischenmenschliche Beziehungen geht. Der kanadische Schriftsteller Robert Davies beschreibt es folgendermaßen: »Ich erkenne Schmeicheleien, wenn ich sie höre, aber ich höre sie so selten. Viele Leute versuchen sofort, sich sehr nüchtern zu geben, wenn man ihnen schmeichelt, um so zu verbergen, dass sie den Köder geschluckt haben.«

Selbstredend hat es keinen Sinn, offensichtlich seinem Gegenüber Honig ums Maul zu schmieren. Aber es gibt so viele Gelegenheiten im Leben, bei denen Sie etwas Positives und Gutes über einen anderen Menschen denken, es aber nie laut auszusprechen wagen, und das ist schade. Hand aufs Herz: Würden Sie nicht gerne ein Lob über Ihre Arbeit oder eine nette Bemerkung zu Ihrer neuen Frisur hören? Und wie würde Ihre instinktive Reaktion darauf sein? Wenn die Anmerkung ehrlich vorgetragen würde, ja dann stieße sie doch wohl auf eine positive Resonanz. So nach dem Motto: »Schau an, der Hardenberg, wer hätte gedacht, dass der so freundlich sein kann.« Und schon sehen Sie den Herrn Hardenberg in einem anderen Licht.

Die Eitelkeit der Mitmenschen zu bespielen ist eine Kunst. Aber sie lässt sich erlernen. Ich werde nie vergessen, wie ich als 15-jähriger Internatsschüler während der Sommerferien bei meinen Eltern in Paris war. Sie hatten eine hübsche Parterrewohnung in einem guten Wohnviertel. Die räumlichen Verhältnisse waren etwas beengt. Vor allem das Entree war recht klein und düster. Der eingebaute Garderobenschrank mit einem aufdringlichen Marmor-Trompe-l'Œil war nicht besonders schön.

Bei einem kleinen Empfang, den meine Eltern gaben, habe ich den Tür- und Garderobendienst übernommen. Ich werde nie vergessen, wie der letzte Gast eintrat. Er war ein alter »Groß-Botschafter«, ein perfekter Grandseigneur alter Schule. Er überschüttete mich mit Komplimenten: Wie toll ich das hier machen würde, und meinem Vater gratulierte er überschwänglich zu solch einem Sohn. Obendrein zeigt er sich begeistert von dem »zauberhaften Entree mit dem wunderschönen Trompe-l'Œil«.

Ich kann mich noch genau erinnern: Seine Komplimente gingen bei meinem Vater und mir »runter wie Öl«. Uns beiden war natürlich klar, dass unser charmanter Besucher maßlos übertrieben hatte. In seiner langen Karriere hatte er ja eine ganz andere Kategorie von repräsentativen Villen und Wohnungen zu Gesicht bekommen. Und dennoch: Wir waren erfreut und fühlten uns gut. Den Botschafter mit seiner gewinnenden Art haben wir in allerbester Erinnerung behalten. Er ist zwischenzeitlich verstorben.

Also, warum nicht öfter mal etwas Nettes sagen? Ruhig heraus mit dem Gedachten, wenn es einem Menschen Freude bereitet. Es macht das Zusammenleben leichter. In jedem Fall lieber etwas zu viel in diese Richtung als zu wenig.

Die Kulturen sind in dieser Hinsicht sehr unterschiedlich. Aus dem Alemannischen hierzu eine kleine Anekdote, die ich wiederum Sir Peter Ustinov verdanke. Sein Nachbar am Genfer See war seit einer Weile verwitwet und lebte nun alleine in seinem Haus. Der hochbetagte Mann kam über den Tod seiner Frau nicht hinweg. Als ihn Ustinov auf sein Leid ansprach, sagte der Nachbar: »Lieber Herr Ustinov. Ich habe meine Frau sehr geliebt. Ich habe sie wirklich aus vollem Herzen geliebt. Ja, Herr Ustinov, ich habe sie so sehr geliebt ..., ich hätte es ihr beinahe gesagt!«

4. Jede Gefälligkeit rächt sich

Nach Humor, Kritik und Eitelkeit möchte ich nun auf ein weiteres Thema zu sprechen kommen: die Gefälligkeiten. Es lohnt sich, hier einmal genau hinzuschauen. Zunächst klingt ja alles positiv:

- jemandem aus eigenem Antrieb eine Gefälligkeit zu erweisen,
- jemandem gefällig zu sein, weil man darum gebeten wurde,
- jemanden um eine Gefälligkeit zu bitten oder
- von jemandem eine Gefälligkeit anzunehmen.

All dies erscheint in der Tat auf den ersten Blick recht unproblematisch. Doch auch hier müssen wir mit so mancher Tücke rechnen, denn bei den Gefälligkeiten bewegen wir uns schnell auf dünnem Eis. Schauen wir uns also einige Schattierungen des Gebens und Nehmens von Gefälligkeiten an.

Eine Gefälligkeit annehmen

Allzu gerne nehmen wir eine Gefälligkeit entgegen, ein kleines Geschenk oder eine Aufmerksamkeit. Sie sind beispielsweise ein guter Bankkunde. Vielleicht werden Sie gelegentlich zu einem schönen Event eingeladen. Wenn Ihnen die Menschen dort sympathisch sind, ist dagegen ja nichts einzuwenden.

Doch aufgepasst: Achten Sie darauf, dass Sie nicht in eine unmerkliche Abhängigkeit geraten. Die Banken sind da wahre Virtuosen. Schnell entsteht ein »moralischer Schuldsaldo« zu Ihren Lasten. Meist nehmen Sie diesen überhaupt nicht wahr. Kluge Banker kennen ihre Kunden sehr genau und sortieren diese nach deren Neigungen und Empfindsamkeiten. Mit viel Feingefühl wird der Kunde bespielt.

Ich rate Ihnen deshalb, bei der Zusage von Einladungen zu Events eher zurückhaltend zu sein und mit Bedacht an das Thema heranzugehen. Oft stellt sich später nämlich heraus, dass die kostenlose Teilnahme im Endeffekt billiger gewesen wäre, wenn Sie die Tickets selbst bezahlt hätten. Zu glauben, dass es im Geschäftsleben auf lange Sicht etwas gratis gibt, ist ein Irrtum.

Versetzen Sie sich beispielsweise in folgende Situation: Als geschätzter Großkunde werden Sie regelmäßig mit Ihrem Lebenspartner zu den Musikfestspielen nach Salzburg eingeladen. Alles ist stets wunderbar für Sie organisiert, Sie werden hervorragend betreut, und Plätze der besten Kategorie sind für Sie reserviert. Ihr Partner ist begeistert: »Ach, ist das wieder schön. Ein Glück, dass wir Kunde bei der Bank B. sind. Hoffentlich werden wir nächstes Jahr auch wieder eingeladen.« Nach dem Konzert sitzen Sie gemütlich mit Ihrem Gastgeber und Bankbetreuer in stimmungsvoller Runde auf ein Glas Wein zusammen. Erste zarte private Bande werden geknüpft.

Nun frage ich Sie: Wie wird es wohl – zurück im Business-Alltag – um Ihre Verhandlungsposition stehen, wenn Sie mit den Gebührensätzen nicht länger zufrieden sind? Wie häufig werden Sie einen Investmentvorschlag Ihres »doch so liebenswerten« Betreuers ablehnen? Wie leicht wird es Ihnen fallen, die Bankverbindung aufzukündigen und Ihr Depotvermögen auf ein Konkurrenzinstitut zu transferieren?

Wenn Sie selbst damit kein Problem haben, wie wird wohl Ihr Lebenspartner auf Ihre Entscheidung reagieren? »Ist das denn wirklich nötig? Der arme Herr Dröll! Das können wir dem doch nicht antun, wo wir ihm doch diese schönen Sitzplätze zu verdanken haben. Und außerdem ..., da will ich nächsten Sommer wieder hin!« Sie lachen? Glauben Sie mir: Wenn Sie erst einmal hinter die Kulissen blicken, dann werden Sie staunen, auf welchem Fundament so manche Geschäftsverbindung basiert.

Ob es sich nun um Poloturniere, Vernissagen, Museumsführungen, Vorträge oder Konzerte handelt, überlegen Sie es sich dreimal, bevor Sie spontan zusagen. Aus meiner Sicht empfehlen sich zwei Alternativen. Entweder Sie lehnen Einladungen dieser Art kategorisch ab und kommen so erst gar nicht in den Schwitzkasten, oder Sie packen den Stier bei den Hörnern und klären die Fronten gleich vorab: »Hören Sie, Herr Dröll, ich freue mich über Ihre Einladung, und mein Lebenspartner übrigens auch. Wir kommen sehr gerne. Eines muss ich Ihnen aber gleich sagen: An unserer streng geschäftlichen Verbindung wird das nichts ändern. Kaufen lasse ich mich nicht. Nicht dass ich Ihnen diese Absicht unterstelle. Aber ich wollte das nur geklärt wissen. Und ich bin Ihnen auch nicht böse, wenn Sie die teuren Karten einem anderen Kunden zukommen lassen.

Nichts für ungut.« – Ich kann Ihnen versichern: Mit einer solch gradlinigen Haltung landen Sie bei Ihrer Bank auf jeden Fall in einer »höheren Schublade«; nennen wir diese einmal: »Guter, aber schwieriger Kunde«.

Jemanden um eine Gefälligkeit bitten

Je mehr Sie jemanden um einen Gefallen bitten, umso mehr entsteht bei Ihnen der Eindruck, dass Sie in seine Schuld geraten. Wenn Sie einen halbwegs anständigen Charakter haben, dann kommen Sie auf Dauer aus der Schlinge nicht heraus. »Eine Hand wäscht die andere«, heißt es ja zu Recht. Überlegen Sie also genau, bevor Sie als Bittsteller losziehen: Ist es wirklich nötig, Frau Z. oder Herrn X. um einen Gefallen zu bitten? Oder gibt es nicht einen anderen Weg?

Um Sie für dieses Thema zu sensibilisieren, fällt mir genau dazu eine wahre Geschichte aus New York ein: Ein Geschäftsfreund von mir verbrachte ein sechsmonatiges Volontariat bei einem Stock Broker (Aktienmakler) in der 22. Etage in der Wall Street. Das kleine Team bestand aus etwa zwölf Mitarbeitern, meist jungen Analysten und Händlern. Außerdem war da noch Judy, 25 Jahre alt, eine nette und attraktive Praktikantin. Alle saßen in einem Großraumbüro zusammen. Lediglich der Inhaber und Chef hatte sein eigenes Zimmer. Die Arbeitsatmosphäre war locker.

Zur Mittagszeit holten sich die meisten Mitarbeiter einen Snack unten an der Straßenecke. Zwei Kollegen waren zu faul, mit dem überfüllten Fahrstuhl hinunterzufahren und sich in die Schlange vor dem Snackstand einzureihen. Stattdessen kamen sie auf die Idee, Judy könne doch den Lunch für sie besorgen, und baten sie um diesen Gefallen.

Im Laufe der Zeit gewöhnten sich die beiden an die Gutmütigkeit der lieben Judy. »Hey Judy, bring mir dies, bring mir das …« In der Hackordnung der Bürogemeinschaft hatte sich dieser Ton bei den beiden eingenistet. Mein kluger Freund beobachtete das Geschehen mit gemischten Gefühlen. Er schloss sich diesem Treiben nicht an und holte sein Sandwich lieber selbst.

Was keiner wusste: Schon längere Zeit war der Inhaber des Maklerbüros in seiner zweiten Ehe wohl nicht so recht glücklich. Er ließ sich scheiden. Eines schönen Tages präsentierte er Judy als seine Ehefrau Nummer drei. – Und nun die Pointe der Geschichte: Einen Monat nach der Hochzeit erschienen die beiden Händler nicht zur Arbeit. Ihnen war gekündigt worden!

Jemandem gefällig sein

Wenn jemand Sie um einen Gefallen bittet, dann sollten Sie achtgeben. Viel zu häufig sagt man spontan zu und bereut es später. Meist hängt es damit zusammen, dass wir – um des lieben Friedens willen – den Bittsteller mit seinem Anliegen nicht vor den Kopf stoßen wollen.

Mir passiert das immer wieder, besonders dann, wenn das Anliegen weit in der Zukunft liegt. In solchen Fällen heißt es dann beispielsweise: »Könnten Sie bei uns in acht Monaten eine Sitzung moderieren? Wären Sie so freundlich, in einem halben Jahr meine Examensarbeit durchzulesen? Es wäre großartig, wenn Sie mich irgendwann einmal – es hat ja keine Eile – der Frau Meyerbeer empfehlen könnten.«

Was noch weit in der Zukunft liegt, das nehmen wir häufig auf die leichte Schulter. Wenn der Zeitpunkt dann näher rückt, bereuen wir häufig unsere spontane Zusage. »Mensch, wäre ich da bloß nicht so schnell drauf eingegangen. Beim nächsten Mal sollte ich aber besser auf der Hut sein. Das passiert mir kein zweites Mal!«

Es ist natürlich ein verführerisches Gefühl, wenn sich jemand an uns mit einer Bitte wendet. Das tut dem Ego gut, wir fühlen uns wertgeschätzt und in unserer Kompetenz anerkannt. Deshalb gehen wir grundsätzlich erst einmal gerne auf Anliegen ein.

Zur Veranschaulichung ein Beispiel: Mein Großvater mütterlicherseits, von Beruf Häute- und Fellhändler, wurde von seinen ausländischen Geschäftsfreunden öfters gebeten, Praktika in Deutschland für deren Kinder zu vermitteln. Das war dann immer mit viel Zeitaufwand für ihn verbunden: Telefonate, Gespräche und Schreiberei. Ich erinnere mich noch gut, wie dies meist mit Frust und Ärger für ihn endete.

Einmal trat der junge Praktikant nach langem Hin und Her die Stelle überhaupt nicht an. Lapidar hieß es: »Tut mir leid, mein Sohn hat es sich noch einmal anders überlegt.« Das ging meinem Großvater fürchterlich gegen den Strich, denn er war vom alten Schlag: »Ein Mann – ein Wort«. Es lag dann an ihm, sich bei der entsprechenden Firma, die alles für den Praktikanten bereits vorbereitet hatte, zu entschuldigen.

Ein anderes Mal wurden die Zeiträume des Praktikums ständig verschoben, weil der junge Mann mit seiner Ferienplanung in Konflikt geriet. Einmal kam es sogar zu einem vorzeitigen Abbruch des Praktikums. Das war alles hochgradig unerfreulich.

Besonders verärgert reagierte mein Großvater, als er sich einmal vom Vater einer Praktikantin Folgendes anhören musste: »Meine Tochter war sehr enttäuscht. Diese Abteilung, wo sie eingesetzt wurde, war ganz schrecklich. Ich muss sagen, das war keine gute Empfehlung von Ihnen.« – Ja, so kann es laufen!

Völlig unproblematisch ist es, jemandem eine Gefälligkeit aus eigener Initiative zu erweisen, also ohne dass man darum gebeten wurde. Es ist ein schönes Gefühl, ungefragt einem anderen Menschen beispielsweise eine gute Tat oder ein Präsent zukommen zu lassen. In einem solchen Fall hat das Überraschungsmoment eine rundum positive Wirkung.

Bereiten Sie also mit lauterem Herzen und ohne berechnende Hintergedanken – so ganz ohne Anlass – jemandem hin und wieder eine Freude. Zögern Sie nicht und legen Sie Ihre Zurückhaltung ab. Es ist ein wunderbares Gefühl, jemanden aus heiterem Himmel mit einer kleinen Aufmerksamkeit zu überraschen. Wenn Sie willens sind, Zeit, Mühe oder auch Geld in liebevoller Weise für einen anderen Menschen zu investieren, dann kann ich Ihnen nur gratulieren. Sie werden bald merken, dass in Wahrheit Sie der Beschenkte sind.

Meist kommt es gar nicht auf den materiellen Wert der Gefälligkeit an. Es reicht schon aus, dass Sie an eine andere Person denken und ihr dies auch mitteilen. Ein Telefonat oder eine kurze Nachricht nach der Devise »Ich habe vorhin an Sie gedacht und wollte nur mal hören, wie es Ihnen geht« genügt schon, um einen nachhaltigen Eindruck zu hinterlassen.

Sollten Sie einen Füllfederhalter und gutes Briefpapier besitzen, dann denken Sie doch einmal darüber nach, einmal pro Woche jemandem ein paar nette Zeilen zu schicken. Das wird Sie nicht viel Zeit kosten. Der Effekt könnte aber ganz enorm sein. Über das Jahr wären das immerhin schon 50 Briefe, also 50 Lebenszeichen. Sie werden überrascht sein, was ein handgeschriebener Brief im digitalen Zeitalter alles bewirken kann.

Unverändert gilt die alte Weisheit: »Kleine Geschenke erhalten die Freundschaft.« Hier kommt es aber auf Ihr Fingerspitzengefühl an. Geben Sie sich ein wenig Mühe und überlegen Sie gut, womit Sie der Person eine Freude bereiten wollen. Versetzen Sie sich in die Lage des anderen und fragen Sie sich, woran er wohl Spaß haben könnte. Wenn Sie Ihr Präsent zur rechten Zeit feinfühlig überreichen, dann werden Sie manche Augen zum Leuchten bringen.

Ein Nachgedanke: Was immer Sie nun in dieser Hinsicht tun, eines ist wichtig: Verbinden Sie keinerlei Erwartungen damit! Sie denken, dass dies doch selbstverständlich sei? Weit gefehlt! Ich musste neulich schmunzeln, als ich über den Senior-Teilhaber einer renommierten Investmentbank im New York Folgendes las: Mit seiner Privatsekretärin führte er eine Weihnachtspräsenteliste. Alle Mitarbeiter – über 100 an der Zahl – erhielten eine Aufmerksamkeit: traditionell ein blaues Hemd vom renommierten Herrenausstatter Brooks Brothers. Auf die Kragenweite des Beschenkten wurde nicht geachtet.

Jeweils anfangs des neuen Jahres ging der Senior-Chef mit seiner Privatsekretärin eine Liste durch. Penibel genau wurde nämlich erfasst, wer von den »liebevoll« Beschenkten in welcher Weise und zu welchem Zeitpunkt auf sein Präsent reagiert hatte. – Ich musste wirklich lachen, denn ich hatte bis dahin gedacht, dass lediglich meine verstorbene Großmutter väterlicherseits diesem Spleen verfallen war.

5. Gehen Sie sorgsam mit der Zeit um

Die Zeit ist ein wertvolles Gut. Wenn Ihnen die große Bedeutung des Faktors »Kostbarkeit der Zeit« bewusst ist, dann sind Sie den meisten Ihrer Mitmenschen um einiges voraus.

Bei den Möglichkeiten der Nutzung der Zeit treten alle Menschen zu den gleichen Startbedingungen an. Die Zeit ist eine der wenigen Ressourcen, die allen Menschen gleichermaßen zur Verfügung steht, ohne Unterschied, ob Sie jung oder alt sind. Es ist auch ohne Bedeutung, ob Sie ein akademisches Studium oder eine Facharbeiterausbildung abgeschlossen haben. Der liebe Gott hat der gesamten Menschheit das gleiche Maß an Zeit geschenkt: natürlich nicht in puncto der gesamten Lebenszeit, sondern pro Tag.

Von Siegmund Warburg haben wir in einem der vorangegangenen Kapitel gehört, wie sehr er auf die Nutzung der Sekunden geachtet hat. Selbstverständlich ist es uns allen freigestellt, welche Prioritäten wir beim Umgang mit der Zeit setzen. Hierzu gibt es die verschiedensten Ansichten.

Mein Großonkel beispielsweise, der in leitender Funktion auf der zweiten Führungsebene in einem Familienkonzern lange Jahre tätig war, konnte es bei der Arbeit nur schlecht ertragen, wenn ihm jemand langatmig daherkam. Wenn eine gewisse Weile des Zuhörens überschritten wurde, öffnete er eine Schublade, holte ein Schild heraus und stellte es mitten im Gespräch auf den Schreibtisch vor seinen Besucher hin. Und was hatte er auf das Schild geschrieben? »Fasse dich kurz oder hilf mir arbeiten!«

Egal, ob Sie sich einer solchen radikalen Haltung anschließen oder doch lieber entspannt durch das Leben gehen wollen, über eines müssen Sie sich im Klaren sein: Aus den Zeiteinheiten lässt sich einiges herausholen. Zur Anschauung:

- Wer jeden zweiten Samstag im Monat ein Jahr lang bereit ist zu arbeiten, der hat im Jahr einen ganzen Monat zusätzlich gewonnen (25 Werktage).
- Sollten Sie sich überwinden können und beginnen Ihre Arbeit eine ganze Stunde früher, dann haben Sie ebenfalls einen ganzen Monat mehr im Jahr zur Verfügung.

- Wenn Sie jeden Werktag mit drei Stunden Schlaf weniger auskommen sollten, dann gewinnen Sie im Jahr ganze vier zusätzliche Monate.

Sie sehen, welches Reservoir an Arbeitszeit Ihnen zur Verfügung steht. Sie alleine können darüber bestimmen.

Wichtig ist, dass Sie sich ein gutes Zeitmanagement angewöhnen. Dazu sollten beispielsweise gehören:

- eine ordentliche Kalenderführung. Ein »Tut mir leid, den Termin habe ich mir falsch notiert«, geht gar nicht;
- eine gute Planung und Fixierung wichtiger Termine gleich zu Anfang eines neuen Jahres. Meine Heilpraktikerin, Frau Renita B., macht mich nach Silvester immer darauf aufmerksam: »Herr Elsässer, haben Sie in Ihrem neuen Jahreskalender die wichtigsten Termine schon blockiert?« Darauf ich: »Welche wichtigsten Termine?« »Nun, die wichtigsten Termine, die Sie in gar keinem Fall verschieben dürfen. Das sind doch die Termine, bei denen es um SIE geht; also vor allem um Ihre Gesundheit. Ihre regelmäßigen Arztbesuche gehören in Ihrem Kalender an die allererste Stelle. Danach können Sie gerne Ihre Geschäftstermine einplanen.«
- ein stets pünktliches Erscheinen. Unpünktlich zu sein ist keineswegs »cool«.

  Apropos: Kennen Sie auch Menschen, die konsequent zu spät kommen? Ich frage mich immer, woran das wohl liegen mag. Abgesehen von mangelnder Rücksichtnahme und/oder einem fehlenden Organisationstalent sehe ich ein grundsätzliches psychologisches Phänomen im Hintergrund.

  Ich habe mir da eine Theorie zurechtgelegt: Wer permanent zu spät kommt, verleiht seinem Leben eine gewisse Spannung und Aufregung. Für mich steht fest, dass es diesen Menschen in ihrem normalen Leben an prickelnden Momenten mangelt. Wenn Sie also zu dieser Kategorie der zwanghaften »Zu-spät-Kommer« gehören, dann verleihen Sie Ihrem Leben doch bitte an anderer Stelle neue Erlebnisimpulse. Ihre Gastgeber werden es Ihnen danken.

Achten Sie darauf, dass Sie in Ihrem Berufsleben nicht in festen Zeitrastern »beamtenhaft« erstarren. Ungewöhnliche Zeiten erfordern ungewöhnliche Maßnahmen. Wenn beispielsweise über Ihr Business unerwartet eine Krise hereinbricht, dann sollte es heißen: mehr arbeiten. Wenn Sie dann von Ihren Mitarbeitern einen verstärkten Arbeitseinsatz verlangen, dann müssen Sie als Chef mit gutem Beispiel vorangehen. Soll der Mitarbeiter einen Schritt gehen, dann gehen Sie zwei Schritte.

Ein Freund von mir aus den Niederlanden hat während einer kritischen Geschäftslage, die sich zuspitzte, ein ganzes Jahr lang jedes Wochenende im Betrieb verbracht. Schön war es sicher nicht, aber daran gestorben ist er auch nicht.

Als einen weiteren Punkt möchte ich Ihnen noch etwas ans Herz legen. Vor einem sollten Sie sich hüten: Stehlen Sie niemals einem anderen Menschen die Zeit. Was meine ich damit? Dazu zwei Beispiele:

- Vor etwa zehn Jahren sollte ich vor einem Gremium über Investitionsmöglichkeiten referieren. Ich war pünktlich angereist, und zu Beginn meiner Präsentation fragte ich den Vorsitzenden: »Darf ich kurz fragen, wie viel Zeit mir zur Verfügung steht?« »Etwa 45 Minuten, Herr Elsässer.« Ich legte also los und spürte recht bald, dass es nicht gut lief. Die Atmosphäre stimmte überhaupt nicht.
  Ich habe ein ausgeprägtes Gespür für Menschen und bildete mir ein, dass der Vorsitzende mich nicht leiden konnte (was sich später auch als richtig herausstellen sollte). Nach bereits 15 Minuten unterbrach er mich mit den Worten: »So, Herr Elsässer, Sie sollten jetzt langsam zum Ende kommen.« Das ließ ich mir nicht gefallen. Ich bestand darauf, die verbleibenden 30 Minuten weiter referieren zu dürfen, obwohl ich genau wusste, dass hier nach diesem Disput nichts mehr zu holen war. – Anmerkung: Der Vorsitzende hatte einen schweren Fehler begangen. Egal, wie schlecht sich ein Gespräch oder eine Präsentation auch entwickeln mag, die Zeit, die Sie jemandem versprochen haben, müssen Sie ihm auch gewähren. Das wird dieser Ihnen ansonsten verübeln.

- Im Verlauf meines Lebens wurde ich oft um einen Rat gebeten. Wenn ich mit meinem Fachwissen helfen konnte, habe ich das auch immer gerne getan, und zwar mit viel Engagement. In den vorangegangenen Kapiteln und am Anfang dieses Buches propagiere ich ja auch, dass Sie sich in Ihrem Netzwerk oder mittels eines Mentors öfters einen guten Rat einholen sollten.

Überlegen Sie es sich aber ganz genau, bevor Sie jemanden um einen Rat bitten. Holen Sie nur dann einen Rat ein, wenn Sie auch wirklich willens sind, einen guten Ratschlag anzunehmen.

Aus eigener (leidvoller) Erfahrung kann ich Ihnen versichern, dass der Schuss sonst womöglich nach hinten losgeht: Für mich als Ratgeber war es immer ein unerfreuliches Erlebnis, wenn ich nach einer Weile im Gespräch feststellen musste: »Mein Gott, der Mann will ja überhaupt nichts an seiner Situation ändern. Da kann ich mit den besten Argumenten kommen, an dem prallt ja alles ab.« Für solche »Kandidaten« stand ich kein zweites Mal zur Verfügung.

Noch zwei kleine Tipps für die Ratsuchenden:

- Erstens: Konzentrieren Sie sich auf den Inhalt Ihres Anliegens und die Qualität des Rates. Viele Menschen machen den Fehler, einen Rat nur dann anzunehmen, wenn der Ratgeber ihnen auch sympathisch ist. Solch eine Haltung ist unprofessionell. Amerikanische Profi-Berater sagen dazu: *I am not here to walk your dog.*
- Zweitens: Wann immer Sie einen Rat angenommen haben – ganz gleich, ob er gut oder schlecht war –, sollten Sie Ihrem Ratgeber unbedingt ein Feedback geben. Das kommt immer gut an.

6. Kostspielige Affären im Beruf

Früher hieß es, »die Versuchungen liegen am Wegesrand«. Heute lauern die Versuchungen eher im Büro und bei der Arbeit. Es ist nur zu verständlich. Die Menschen verbringen die überwiegende Zeit ihres Lebens im beruflichen Umfeld. Da kommen sich viele auch privat näher. Es hat eben nicht jeder in seiner Freizeit einen großen Bekanntenkreis, in dem er neue Kontakte knüpfen kann. Und es ist auch nicht jedermanns Sache, mittels digitaler Internetportale einen Partner zu suchen.

Ich möchte hier keinerlei Wertung vornehmen. Es liegt mir auch fern, eine moralische Messlatte anzulegen. Aber eines steht fest: Wer auf der Suche nach einer Liebschaft oder einem neuen Lebenspartner ist, findet im Beruf ein ideales Suchfeld.

Häufig führt eine Liaison, die sich bei der Arbeit ergeben hat, ja auch zu einer dauerhaften Beziehung. Auffällig ist, dass im internationalen Business viele prominente Persönlichkeiten einen Hang zu Berufstätigen aus der Medienbranche haben. So manche Moderatorin oder Journalistin hat hier einen neuen Lebenspartner gefunden; so geschehen bei einem früheren Vice Chairman von Occidental Petroleum in Los Angeles oder bei einem ehemaligen Konzernchef aus der Telekommunikationsbranche. Der Medienzar Rupert Murdoch fand auf seinen Geschäftsreisen in China in seiner chinesischen Dolmetscherin seine neue Ehefrau. Ich überlasse es Ihnen beziehungsweise den Psychologen, dieses Phänomen zu ergründen.

Aber nicht immer entwickeln sich die ersten privaten Kontakte bei der Arbeit in der gewünschten Weise. Häufig läuft es auf eine heimliche Affäre hinaus. Wahrscheinlich haben wir es überall mit einer hohen Dunkelziffer an Affären in der Arbeitswelt zu tun.

Noch einmal: Ich bewerte diesen Umstand in keiner Weise, weder aus religiöser noch aus moralischer Sicht. Mir geht es darum, Sie für dieses heikle Thema zu sensibilisieren. Es bringt uns ja nicht weiter, wenn wir um den heißen Brei herumreden. Bei Tabus wegzuschauen hat noch keinem genützt. Tatsache ist, dass so manch aufregendem Abenteuer der Katzenjammer folgt. Das Fatale bei einer Berufsaffäre sind die Konsequenzen, die sich daraus ergeben können.

Zur Veranschaulichung drei Fälle, die ich vor Jahren miterlebt habe beziehungsweise beobachten konnte:

- Der Generaldirektor eines Food-Konzerns in Süddeutschland hatte eine langjährige Liaison mit einer Mitarbeiterin im Vertriebsaußendienst. Die flotte Dame war Gebietsverkaufsleiterin, tüchtig, Single und bei ihren Kolleginnen und Kollegen beliebt. Als die Affäre eines Tages ans Licht kam, war der Skandal perfekt. Der Generaldirektor war verheiratet, hatte vier Kinder, und in dem kleinen Fabrikort war er eine prominente Figur. Der Alleininhaber des Unternehmens, der im gleichen Ort lebte, war alles andere als begeistert.
  Der Generaldirektor saß in der Zwickmühle. Zu einer Scheidung konnte er sich nicht durchringen. Auf der einen Seite war eine öffentliche Parallelbeziehung in dem kleinen Provinzörtchen nicht darstellbar. Auf der anderen Seite gab es für eine Entlassung seiner Geliebten aber keine berufliche Grundlage. Die Ehefrau des Generaldirektors machte mächtig Druck; nicht nur auf ihren Ehemann, sondern auch auf den Arbeitgeber ihres Gatten. Und wie wurde nach langem Hin und Her das Dilemma gelöst? Man verfiel auf das bewährte Modell »Hochbefördern«. Der Geschäftsführer der Schweizer Tochtergesellschaft des Konzerns wurde kurzerhand mit einer schönen Abfindung entlassen. Und nun raten Sie einmal, wer als neue Landesgeschäftsführerin in die schöne Schweiz versetzt wurde? ... Richtig!
  Nachtrag: Die Geschichte hat noch eine besondere Pointe. Warum hat eigentlich der allmächtige Alleininhaber und Arbeitgeber den Generaldirektor nicht zur Räson gerufen und ihm mal so richtig den Marsch geblasen? Nun, Jahre später hat es mir der Finanzchef erläutert. Bei der Beschaffung von Rohmaterialien für die Nahrungsmittelproduktion der Firma wurden jahrelang EU-Zuschüsse in großem Stil kassiert. Die juristische Absicherung für diese lukrative Bezuschussung stand auf wackligen Beinen. Das war intern ein hochbrisantes Thema, ein ganz heißes Eisen, das geheim gehalten wurde. – Hier haben wir ein anschauliches Beispiel, wie es im realen Leben zugehen kann. Als Folge einer Liebschaft am Arbeitsplatz ist eine Kette von latenter Erpressbarkeit entstanden.

- Eine weitere Beobachtung betrifft die Schar der Dienstleister, mit denen fast alle Firmen in unterschiedlicher Weise kooperieren. Als Beispiel seien hier Mitarbeiterinnen und Mitarbeiter von Werbeagenturen, Webdesignstudios, IT-Unternehmen und von Steuer- sowie Anwaltskanzleien genannt. Durch die teils intensive Zusammenarbeit zwischen Firma und Dienstleister kann es hier schnell zu amourösen Verbindungen kommen.
  Auch hier erklärt sich so manche langjährige Geschäftsverbindung, bei der man sich fragt: Wie kommt es eigentlich, dass die Firma ausgerechnet mit diesem Dienstleister zusammenarbeitet?
  Wenn eine Affäre schließlich zu Ende geht, werden die Betroffenen alles daransetzen, die gescheiterte Liaison für immer geheim zu halten. Ich stelle mir bildlich die Situation vor, wie ab diesem Zeitpunkt die Verhandlungen mit der Dienstleistungsfirma verlaufen werden. Auch in diesem Fall entsteht eine ungünstige Konstellation: Sind Befangenheit und Begünstigung auszuschließen?
- Seien Sie auf der Hut, denn speziell auf Kongressen und Betriebsfeiern lauern besondere Versuchungen.

Ganz gleich, in welcher Rolle Sie sich am Ende einer Affäre befinden, in der eines latent Erpressbaren oder in der eines faktischen Erpressers: In beiden Fällen wird ein diffiziles Kapitel im Beruf für Sie aufgeschlagen.

Gegen die Liebe ist nun einmal kein Kraut gewachsen. Wenn es Ihnen bei aller Emotion jedoch möglich sein sollte, ein wenig auch auf Ihre Ratio zu hören, dann sollten Sie das unbedingt tun. Ich möchte Ihnen hier keine Vorschriften machen. Aber vielleicht empfiehlt es sich doch, gewisse private Belange aus Ihrem Berufsumfeld auszuklammern. Die Amerikaner haben dafür den knallharten und wenig vornehmen Spruch: *Do not shit where you eat.*

Unbedingt zu vermeiden – sehr zu empfehlen

Das Leben ist voller Tücken und Falltüren. Doch das ist kein Grund, ängstlich und verzagt ans Werk zu gehen. Lernen Sie aus den Erfahrungen anderer Menschen. Machen Sie sich auf den Weg, das Steuerrad Ihres Lebens in die Hand zu nehmen. Lassen Sie sich nicht den Schneid abkaufen. Vermeiden Sie unbedachte und unnötige »Schnitzer«. Packen Sie eine Portion Cleverness und Geschicklichkeit in Ihre Aktentasche ein. Das wird Ihnen helfen, souveräner aufzutreten.

Sie wissen ja längst: Kleine Veränderungen in der Sichtweise können eine große Wirkung haben. Beim Lesen der nachfolgenden vier Kapitel werden Sie schnell ein Gefühl dafür bekommen, an welcher Stelle Sie bei sich ansetzen sollten.

1. Niemals einen Brief

Wenn Sie im Beruf geärgert werden, Ihnen übel mitgespielt oder ein Unrecht angetan wird, halten Sie sich zurück: bloß nichts Schriftliches! Das ist eine uralte Empfehlung, die vom französischen Staatsmann und Diplomaten Maurice de Talleyrand (1754–1838) stammt. Er hatte der Monarchie, der Französischen Revolution sowie Napoleon gedient. Er wusste, wovon er sprach, denn er hat sämtliche Regimewechsel und politischen Umstürze überlebt.

Es ist nur allzu verständlich, dass Sie in prekären und für Sie unerträglichen Situationen Ihre ganze Wut in einer E-Mail, in einer Memo-Notiz oder in einem Brief zum Ausdruck bringen wollen.

Sie wissen ja sicher aus eigener Erfahrung, welcher Film da in Ihrem Kopf abläuft. »Diese himmelschreiende Ungerechtigkeit kann ich doch nicht auf mir sitzen lassen!« In jedem Fall verspüren Sie einen geradezu zwanghaften Drang, sich Ihren Frust und Kummer von der Seele zu schreiben. Hauptsache, der andere hat endlich einmal schwarz auf weiß Ihre Sicht der Dinge vor sich!

Das kann fatale Folgen haben. Es kommt immer wieder vor, dass Schriftliches noch Jahre später gegen den Verfasser verwendet wird. Ist Ihr Wutausbruch erst einmal in einer Akte dokumentiert oder in einer Datei abgespeichert, dann können Sie ihn nicht mehr ungeschehen machen. Es besteht immer ein Risiko, dass Sie Ihren schriftlichen Erguss eines Tages bitter bereuen werden.

Ich habe es selbst in einem Betrieb miterlebt: Es ging um die interne Neubesetzung einer Stelle. Der Abteilungsdirektor, neu in dem Unternehmen, ließ den Personalchef kommen, um sich nach der Qualifikation einer bestimmten Mitarbeiterin zu erkundigen. Genüsslich zog der Personalleiter ein Schriftstück aus seiner Akte mit der spitzen Bemerkung: »Schauen Sie mal, Herr Direktor, damals vor vier Jahren bei dem langen Produktionsausfall, schauen Sie doch, wie sich die Kollegin Frau Hallhuber völlig unpassend und polemisch zu dem Vorfall geäußert hat. Also ich meine, sie hat sich damals vollkommen danebenbenommen. Für eine Teamleiterin hat sie eindeutig das erforderliche Fingerspitzengefühl vermissen lassen.«

Seien Sie also schlau. Zügeln Sie sich, bevor Sie zur Feder greifen, um es »denen mal richtig zu zeigen«. Sie haben es sich zwar dann von der Seele geschrieben, aber letzten Endes läuft es auf einen Pyrrhussieg hinaus.

Klüger ist es, wenn Sie Ihre Kämpfe mündlich ausfechten; am besten hinter verschlossenen Türen und unter vier Augen. Dann gibt es schon einmal keine Zeugen. Gefährlicher wird es, wenn Sie eine Kollegin oder einen Kollegen im Beisein anderer niedermachen. Nichts schmerzt so sehr wie eine Blamage, und kaum etwas bleibt so lange in der Erinnerung haften wie ein Gesichtsverlust.

Falls Sie im Zustand großer Erregung nicht an sich halten können und ein ruhiges, sachliches Gespräch Ihnen einfach nicht möglich ist, dann toben Sie lieber. Schreien Sie herum, hauen Sie mit der Faust auf den Tisch oder knallen Sie mit Wucht die Türe zu. All dies ist nicht gerade ideal, denn das gesprochene Wort verletzt natürlich in der Hitze des Gefechtes den Betroffenen. Es ist dem Verfassen eines Schriftstücks jedoch deutlich vorzuziehen. Im Gegensatz zu dem schriftlich Dokumentierten erreicht Ihr Tobsuchtsanfall ja nur einen bestimmten Kreis von Zuhörern. Zudem ist das Gedächtnis der meisten Menschen kurz, anders als die Verwahrdauer einer Akte.

Nachtrag: Nicht, dass ich es Ihnen nahelegen möchte, aber das Mündliche hat auch noch einen anderen Vorteil: Im »Notfall« kann Ihr Gedächtnis gewisse Lücken aufweisen. »Was sagen Sie da, Herr Obernberg? Das soll ich damals wirklich gesagt haben? Da müssen Sie sich irren. Also, daran kann ich mich beim besten Willen nicht erinnern!«

2. Mit kleinlichen Forderungen in den Ruin

Wenn Sie einen großen Fisch an der Angel haben oder kurz davor sind, einen vorteilhaften Vertragsabschluss zu besiegeln, dann sollten Sie den Bogen nicht überspannen. Ich habe im Berufsleben die Erfahrung gemacht, dass gute Geschäftsleute in wichtigen Punkten sehr entgegenkommend sein können. Sie besitzen ein Gespür für Leistungsfähigkeit und Kompetenz. Sie wissen, dass Qualität ihren Preis hat. Anders als häufig vermutet, lassen sich kluge Vertragspartner nicht von hohen Summen schockieren. Natürlich nur, wenn es ihnen die Sache wert ist.

Wenn es Ihnen also gelungen ist, einen für Sie vorteilhaften Deal auszuhandeln, dann lassen Sie es dabei bewenden. Versuchen Sie nicht, noch zusätzlich das »Betttuch an fünf Zipfeln« zu greifen.

Auf Kleinkram, wie beispielsweise die Erstattung von Auslagen geringen Umfangs, von Fahrtkostenzuschüssen und ähnlichen Spesen, reagieren vor allem sehr wohlhabende Menschen allergisch. Diese haben eher die große Linie im Blick. Ihnen kommt es darauf an, dass die Geschäftsbeziehung in ihrer Gesamtheit stimmt. Zusätzlichen Papierkrieg für kleine Beträge, der auch noch Verwaltungsaufwand und Buchhaltungskosten verursacht, mögen sie gar nicht. Solche Ansinnen hassen die großen »Spieler« wie die Pest.

Riskieren Sie also nicht leichtfertig ein ertragreiches Geschäft. Berechnen Sie am besten im Voraus Ihre laufenden kleineren Auslagen, die sich aus dem Vertrag ergeben werden. Nehmen Sie diese Kosten gleich von Anfang an mit in Ihre Gesamtkalkulation auf. Addieren Sie diesen Betrag zu Ihrer Gesamtforderung hinzu. Aus meiner Erfahrung wird es in der Regel für Sie besser ausgehen.

3. Handeln Sie Konditionen vorher aus

Ich weiß noch genau, wie ich bei meinem Freund im Vermögensbeirat saß und das Telefon klingelte. Ein Makler aus England war in der Leitung und teilte meinem Freund mit, dass es ihm nach vielen Monaten nun doch gelungen sei, ein größeres Immobilienobjekt in Nottingham zu verkaufen. Mein Freund war hocherfreut.

Doch dann verdunkelte sich sein Blick. Der Makler hatte sich als Vergütung eine Vorabpauschale ausbedungen. Diese war ihm auch monatlich überwiesen worden. Nun kam er mit dem Anliegen daher, ob er angesichts der vielen Arbeit und des vorteilhaften Verkaufspreises nicht doch noch eine dreiprozentige Erfolgsvergütung in Rechnung stellen dürfte, er habe sich diese doch verdient.

Mit eisiger Stimme erwiderte mein Freund: »Wie bitte? Mr. Parker, vielleicht erinnern Sie sich? Ich hatte Sie gleich zu Beginn unserer Zusammenarbeit gefragt, ob Sie mit einer festen Summe pauschal vergütet werden wollen oder ob Sie es vorziehen würden, rein auf Basis eines Erfolgshonorars zu arbeiten. Sie haben sich damals eindeutig für die pauschalen Zahlungen entschieden, und diese haben Sie auch von mir erhalten. Das Gespräch ist für mich hiermit beendet. Ihnen alles Gute, Mr. Parker.« Telefonat beendet. An mich gewandt, sagte mein Freund nur: »Elsässer, wo waren wir stehen geblieben?«

Ich kann Ihnen nur Folgendes raten: Was immer Sie aus einem Deal für sich herausholen wollen, das sollten Sie sich gleich zu Anfang ganz genau überlegen. Drücken Sie sich nicht vor einem schwierigen Verhandlungsgespräch. Ängstlichkeit oder Feigheit sind keine guten Ratgeber. Vielleicht werden Sie von der Sorge geplagt, Ihre Forderung nicht durchzukriegen, so nach der Methode: »Ach, den Erfolgsbonus, den kriege ich später schon noch hin, wenn die erst einmal mit meiner Arbeit zufrieden sind.«

Diese Einstellung ist vollkommen weltfremd. Lassen Sie die Finger von solch einem Ansinnen. Erstens werden Sie sich – zumindest bei professionellen Geschäftspartnern – kaum mit Ihrer Forderung durchsetzen können. Zweitens ruinieren Sie Ihr Ansehen und Renommee mit einem solchen aussichtslosen Angang. Mit dem Hut in der Hand hat nur selten jemand einen guten Eindruck hinterlassen. – Mein Freund jedenfalls war erbost. Mr. Parker wurde aus der Liste seiner englischen Vertrauensleute gestrichen.

4. Wie überbringe ich schlechte Nachrichten?

Je mehr Verantwortung Sie in Ihrem Beruf übernehmen, desto häufiger landen unangenehme Themen auf Ihrem Tisch. Der Vorstand eines Unternehmens aus der Energiewirtschaft klagte mir einmal sein Leid: »Unser Laden läuft gut. Das sehe ich an den Geschäftszahlen. Das operative Tagesgeschäft ist bei meinen Abteilungsleitern in guten Händen. Wenn ich morgens in mein Vorstandsbüro fahre, dann weiß ich genau: Heute empfängt mich gleich mein Sekretariat mit einem ganzen Korb voller Probleme. Alles, was schiefgelaufen ist und womit die Abteilungen nicht zurechtgekommen sind, mit all dem und noch anderem Ärger muss ich mich rumquälen.«

Den Umgang mit unerfreulichen Nachrichten zu erlernen ist gar nicht so einfach. Den meisten wird nämlich darin die Routine fehlen. Nicht jeder sitzt in der Vorstandsetage oder ist in einer Reklamationsabteilung tätig, wo dies ständig vorkommt. Ein typischer Alltag wird ja eher von normalen Abläufen und konstruktiven Arbeiten bestimmt. Und doch wird es gelegentlich zu Situationen kommen, in denen man eine unangenehme Nachricht überbringen muss. Das kostet Überwindung.

Ich erinnere mich noch genau, wie ich zum ersten Mal in meinem Leben einen Mitarbeiter entlassen musste. Ich war 30 Jahre alt und leitete die Finanzabteilung einer Chemiefirma. Mehrere Wochen hatten der Personalchef und ich darüber nachgedacht, was wir bloß mit dem Mitarbeiter anstellen könnten. Aber es war einfach nichts zu machen: Er war ein netter Kerl, aber er erfüllte unsere Anforderungen einfach nicht.

Als Chef der Abteilung war es meine Aufgabe, ihm das mitzuteilen. Nach amerikanischem Modell sollte er auch umgehend nach Aussprache der Kündigung das Haus verlassen (man nennt das »sofortige Freistellung von der Arbeit«).

Das ganze Prozedere lag mir schwer im Magen. In der Nacht zuvor hatte ich schlecht geschlafen. Auf dem Weg zur Arbeit spielte ich verschiedene Szenarien durch. »Wann wirst du es ihm sagen? Gleich, wenn er zum ersten Mal an deinem Büro vorbeikommt? Lieber später in der Mittagspause? Oder vielleicht doch besser kurz vor

Büroschluss, wenn die anderen Kollegen auf dem Weg nach Hause sind?«

In meiner Unerfahrenheit war ich nervös und angespannt. Ich fand zu Arbeitsbeginn den Absprung nicht und war alles andere als ein souveräner Chef. Nach qualvollen Stunden bat ich ihn schließlich in mein Büro und brachte es hinter mich. Stolz war ich nicht auf meine »Leistung«.

Fünf Ratschläge dazu:

- Zum Ersten: Wann immer Sie eine solche oder ähnlich gelagerte Aufgabe zu meistern haben, bereiten Sie sich besser vor, als ich es damals getan habe. Ihr Drehbuch muss bis ins Kleinste sitzen. Treten Sie in die Schlacht immer mit einem zeitlichen Ablaufraster, an das Sie sich dann auch konsequent halten sollten. Wenn Ihre Planung vorsieht, dass beispielsweise um elf Uhr das »Fallbeil« zu fallen hat, dann dürfen Sie sich von nichts und niemandem davon abhalten lassen. Das hat oberste Priorität. Sie kommen sonst in Teufels Küche.
- Zum Zweiten: Bringen Sie das unangenehme Gespräch so früh wie möglich am Morgen hinter sich. Es wird sonst im Verlauf des Tages immer peinlicher. Es läuft dann in der Regel auf zwei Szenarien hinaus: Entweder werden Sie versuchen, dem armen Kerl möglichst aus dem Weg zu gehen. Er soll ja vorab nichts merken. Oder Sie können es nicht verhindern, dass Sie ihm ständig begegnen. Bei diesen Gelegenheiten werden Sie am Ende noch in ein privates Gespräch mit ihm verwickelt – und dies, wo Sie doch wissen, dass Sie ihm später am Nachmittag eine schlechte Nachricht zu überbringen haben.
- Zum Dritten: Kommen Sie sofort auf den Punkt, wenn der Betroffene nun endlich vor Ihnen sitzt. Fangen Sie bloß nicht mit dem Wetter an und fragen Sie auch nicht, wie sein Wochenende war. Stattdessen wäre es besser, das Gespräch wie folgt zu führen: »Herr Mandel, setzen Sie sich bitte. Ich habe eine schlechte Nachricht für Sie. Der Personalchef und ich haben beschlossen, nicht weiter mit Ihnen zusammenzuarbeiten. Das Beschäftigungsverhältnis ist hiermit beendet.«

- Zum Vierten: Solche Gespräche sind immer unangenehm. Seien Sie jedoch mutig und überbringen Sie dem Betroffenen schlechte Nachrichten immer von Angesicht zu Angesicht. Ducken Sie sich nicht weg und bringen Sie die nötige Courage auf. Kündigungen per Telefon, E-Mail, WhatsApp oder per Brief haben keinen Stil. Falls eine schriftliche Absicherung notwendig sein sollte, überreichen Sie das Dokument am Ende des Gesprächs.
- Und noch ein Punkt dazu: Immer heraus mit der Wahrheit! Es ist nur zu verständlich, dass Sie die bedauernswerte Person, die geknickt vor Ihnen sitzt, bemitleiden und schonen wollen. Davon würde ich Ihnen abraten. Zum einen sollten Sie ja grundsätzlich immer bei der Wahrheit bleiben. Zum anderen können Sie mit einer »Ersatzargumentation« schnell in eine Zwickmühle geraten. Veranschaulichen wir uns dies anhand eines Beispiels. Ihr Mitarbeiter, Herr Mandel, hat einfach nicht das richtige Verkaufskaliber. Anstatt ihm das klar zu sagen, kommen Sie mit folgender Erklärung daher: »Wir hätten Sie ja gerne behalten, Herr Mandel, aber mit Ihrem hohen Gehalt können wir Sie nicht weiterbeschäftigen.« Darauf Herr Mandel: »Oh, das ist kein Problem. Meine Frau hat neulich geerbt und unser Haus ist seit vorigem Jahr auch abgezahlt. Ich hänge nicht an meinem derzeitigen Gehaltsniveau. Ich fühle mich in iIhrer Firma so wohl, da arbeite ich gerne auch zum halben Tarif für Sie weiter.« Und was sagen Sie dann?

Nicht immer wird es um eine Entlassung gehen, es sei denn, Sie entscheiden sich für eine Stelle in der Personalabteilung. Je nach Branche und Aufgabenfeld wird sich im Laufe der Zeit eine Vielzahl an Situationen ergeben, in denen Sie der Überbringer einer Nachricht sein werden, die beim Empfänger zu einer Enttäuschung führen wird.

Häufig ist dies der Fall, wenn Projektaufträge ausgeschrieben werden. Dazu habe ich ein schönes Beispiel aus meiner Familie. Mein Sohn, der als selbstständiger Unternehmer in der Kältetechnik tätig ist, hatte es bei der Vergabe eines großen Projektauftrags bis in die Endrunde geschafft. Er gehörte zu den finalen drei Anbietern, die alle den lukrativen Auftrag unbedingt haben wollten. Nach einer letzten Angebotsrunde wurde das Bieterverfahren geschlossen. Zwei Tage später sollte die Entscheidung verkündet werden, welche der drei Firmen den Zuschlag erhalten würde.

Man teilte ihm mit, er solle sich am Donnerstag telefonisch bereithalten. Eine Uhrzeit wurde nicht genannt. Gegen 12 Uhr rief ich ihn an, um mich zu erkundigen, ob er schon etwas gehört hätte. Zu meinem Erstaunen war er bester Laune und zuversichtlich, dass er den Auftrag bekommen würde, und dies, obwohl er noch gar keine Nachricht erhalten hatte. »Wie kannst du dir da so sicher sein?«, fragte ich. »Nun, das ist doch ganz einfach. Je mehr Zeit heute Morgen verging, umso optimistischer wurde ich. Es ist doch ganz klar. Als Erstes rufen die doch die beiden Firmen an, die den Auftrag nicht kriegen werden. Jetzt ist es doch schon 12 Uhr. Das sieht gut aus.« Ich war ob dieser Logik perplex. – Er behielt recht. Gegen 12.30 Uhr klingelte sein Telefon. Er erhielt den Zuschlag für das Projekt. Es war der größte Auftrag in seiner jungen Unternehmerlaufbahn.

Hier habe ich etwas Wertvolles gelernt. In der Tat, wenn Sie mehrere Nachrichten zu übermitteln haben, gute und weniger angenehme, dann arbeiten Sie als Erstes die schlechten Nachrichten ab. Danach ist der ganze Tag frei für die angenehmen und freudigen Gespräche. Sie machen sich so den Arbeitstag viel angenehmer. – Mein Sohn hatte das richtig erkannt.

Querbeet durch Elsässers Sammelmappe

Im Laufe der Jahre habe ich eine große Menge an Gedanken, Anregungen und Hinweisen festgehalten, die bei mir in einer Sammelmappe gelandet sind. Es sind quasi die Tricks und Tipps aus meinem Privatkontor. Schauen Sie doch einmal, ob da nicht das eine oder andere für Sie dabei ist.

Vielleicht bemerken Sie beim Lesen, dass eine bestimmte Empfehlung auch für einen Ihrer Verwandten oder Bekannten nützlich sein könnte. Es gibt ja solche Situationen, wo einem unweigerlich in den Sinn kommt: »Da muss ich an meine Schwester denken! Was ich da gerade gelesen habe, das trifft ja genau auf sie zu.«

1. Bloss nicht als Amateur auftreten

Wenn Sie jung sind, dann müssen Sie beruflich viel Erfahrung sammeln. Dabei werden Sie sich gelegentlich eine blutige Nase holen. Das gehört zum Leben. Bei allem Bemühen, von den Erfahrungen und den Weisheiten erfolgreicher Menschen zu profitieren, wird es sich nicht vermeiden lassen, dass Sie selber durch den Morast waten.

Nach einer Weile werden Sie dann heranreifen und in Ihrem Beruf mehr und mehr über den nötigen Durchblick verfügen. Je nach Branche, Lebenslauf und persönlichem Zuschnitt gibt es für diesen Prozess keinen festen zeitlichen Ablaufplan. Sie werden schon selbst merken, wenn Sie so weit sind.

Wenn Sie also das nötige Maß an Souveränität in sich verspüren, dann ist es an der Zeit, den Hebel umzulegen – machen Sie den Schritt vom Amateur zum professionellen Experten. Ich kann Ihnen versichern: Wann immer etwas in meinem Geschäftsleben gründlich in die Hose gegangen ist, lag es fast immer daran, dass ich mich nicht auf eine professionelle Meinung oder Analyse gestützt habe. Vielmehr habe ich mich auf überhebliche Art und Weise als Amateur in Sicherheit gewogen und glaubte, die Sache voll im Griff zu haben.

Deshalb rate ich Ihnen, Geschäftliches ausschließlich dann anzugehen, wenn Sie als Profi das entsprechende Metier beherrschen. In allen anderen Fällen sollten Sie keinen Schritt ohne professionelle Absicherung machen. Manchmal reicht da ein Telefonat oder eine Besprechung. In anderen Fällen sind Sie vielleicht besser beraten, die Angelegenheit zu delegieren und die Zügel zu übergeben.

Auch in einer zweiten Hinsicht ist die Frage »Amateur – Profi« von Bedeutung. Wenn Ihnen beispielsweise ein Geschäftsvorschlag gemacht wird, dann stürzen Sie sich bitte nicht gleich auf die Details. Fragen Sie sich zuallererst Folgendes: Sitzt Ihnen denn überhaupt ein echter Profi gegenüber? Wenn Sie dies nicht mit einem 100-prozentigen »Ja« beantworten können, dann kürzen Sie das Gespräch besser ab. Mit einem Amateur an der Seite gehen Sie unnötige Risiken in Ihrem Business ein. Ein Studienfreund von mir beschrieb dies mit folgendem Satz: »Die Esel sind ausgezogen, um Hörner zu suchen, und sind ohne Ohren heimgekehrt.« – Gehen Sie also künftig Ihre Belange stets professionell an.

2. Wissen Sie eigentlich, mit wem Sie es zu tun haben?

Kaum etwas verhilft Ihnen mehr zum Erfolg als gute Menschenkenntnis. Nur dann werden Sie auch wissen, wer Ihnen bei Geschäftsgesprächen eigentlich gegenübersitzt. Damit meine ich nicht die Funktion oder Position Ihres Gegenübers. Vielmehr geht es darum, mittels einer realistischen Einschätzung den Charakter des anderen treffsicher zu erfassen.

Orientieren wir uns hier an dem zuvor erwähnten Diplomaten Talleyrand, der die Menschen stets in vier Kategorien eingeteilt hat:

- klug und fleißig: gibt es kaum
- klug und faul: durchaus anzutreffen
- dumm und faul: noch ganz gut zu gebrauchen
- dumm und fleißig: Davor behüte uns der Himmel!

Damit haben Sie schon einmal ein ganz gutes Raster. Mit Ihrem »Stethoskop« sollten Sie grundsätzlich Ihre Gesprächspartner, Kollegen und Vorgesetzten daraufhin abhorchen. Am Ende Ihrer Untersuchung sollten Sie sich immer ein klares Urteil bilden.

Wenn Sie dies systematisch tun, werden Sie bald einen Überblick über den Zirkel Ihres Geschäftskreises bekommen. Fragen Sie sich beim Blick auf Ihren Karteikasten: Mit welchem Typ von Menschen habe ich mich umgeben? Vielleicht gelangen Sie ja zu einer überraschenden Erkenntnis, dass es da auf Dauer einiges zu verändern gäbe.

Worauf passe ich sonst noch auf, wenn es um meine Geschäftskontakte geht?

Handschlag: Je älter ich werde, umso mehr lege ich Wert darauf, nur noch mit Menschen zusammenzuarbeiten, auf deren Handschlag ich mich verlassen kann. Das in die Hand versprochene Wort ist für mich ausschlaggebend.

Seien Sie achtsam, wenn Sie es mit Menschen zu tun haben, die ganz auf Aktennotizen und Gesprächsprotokolle versessen sind. Aus meiner Erfahrung machen Ihnen solche Leute auf Dauer nur Ärger. Kluge Kaufleute haben keine Zeit für juristische Spitzfindigkeiten. – Also, gehen Sie auf Abstand zu potenziellen Prozesshanseln.

Sympathie: Sosehr ich den Erfolg liebe, so hat doch alles seine Grenzen. Ich habe mir bewusst den Luxus erarbeitet, (fast) nur noch mit mir sympathischen Menschen geschäftlichen Umgang zu pflegen. Natürlich bin ich mir darüber im Klaren, dass ich dafür auf so manchen Deal verzichten muss. Meine Lebenszeit ist mir kostbar, und dafür bringe ich gerne dieses Opfer.

Vielleicht haben Sie den Eindruck, dass Ihnen dies nicht möglich ist. Eventuell denken Sie: »Der hat gut reden.« Ich stehe mit dieser Einstellung aber keineswegs alleine da. Es ist auffällig, wie viele Geschäftsleute ich getroffen habe, die das genauso halten wie ich, und diese sind alle ausgesprochen erfolgreich. Vielleicht besteht da sogar ein Zusammenhang. Analysieren Sie also ruhig einmal Ihr geschäftliches Umfeld, ob Sie da nicht mit einem ordentlichen »Hausputz« atmosphärisch eine Verbesserung erzielen können.

Veränderungen: Besondere Vorsicht ist geboten, wenn Sie längere Zeit nicht mit jemandem zusammengetroffen sind. Falls Sie diese Person über einen langen Zeitraum nicht mehr persönlich zu Gesicht bekommen haben, dann sollten Sie vorsichtig sein.

Menschen verändern sich. Manchmal sind es Schicksalsschläge, Krankheiten oder Ereignisse im Privatleben, die zu einem Wandel in der Persönlichkeit führen. Nur selten gehen die Menschen mit solchen Nachrichten hausieren. Wenn diese Entwicklung Ihres Gegenübers an Ihnen vorbeigegangen ist, dann kann Sie dies teuer zu stehen kommen.

Ich habe mehrfach diesen »Faktor der Unkenntnis« unterschätzt. Dazu ein Beispiel: In den 1980er-Jahren hatte ich sehr gute Erfahrungen mit einer Immobilienmaklerin in Frankfurt gemacht. Als mich dann mein Beruf für lange Zeit ins Ausland trug, haben wir uns aus den Augen verloren.

Etwa 15 Jahre später entschloss ich mich, eine Immobilie in der Frankfurter Innenstadt zu verkaufen. In naiver Weise und ohne mich weiter zu erkundigen, rief ich die Maklerin an. Sie war weiterhin in ihrem Metier tätig. Das Telefonat verlief problemlos. Ich hatte einen guten Eindruck. Alles schien unverändert. Ich war erleichtert und erteilte ihr ein exklusives Verkaufsmandat.

Der Verkaufsprozess verlief überraschend schlecht. Die Zeit ging ins Land. Ich wunderte mich, denn der Immobilienmarkt in Frankfurt boomte. Nichts tat sich. Auf meine ärgerlichen telefonischen Nachfragen erhielt ich nur Ausflüchte.

Schließlich wurde es mir zu dumm. Ich rief einen befreundeten Frankfurter Notar an und klagte ihm mein Leid. Der fiel aus allen Wolken: »Um Gottes willen, mit der Frau H. arbeitest du? Ja, hast du denn nicht gehört, dass die H. in allergrößten Schwierigkeiten steckt? Und außerdem ist sie nicht gut beieinander. Man munkelt, sie leidet an Depressionen.« – Ich hatte meine Lektion gelernt.

Des Weiteren achte ich sehr darauf, wenn ich merke, dass jemand anfängt, sich verleugnen zu lassen. Erste Anzeichen eines »Sich-Wegduckens« haben auf mich immer eine alarmierende Wirkung. Das sind für mich eindeutige Warnsignale.

Zu dieser Einsicht bin ich ebenfalls erst nach einer schlechten Erfahrung gekommen, die mich einiges an Lehrgeld gekostet hat. Hier die kleine Anekdote:

Über viele Jahre hatte ich eine gute Verbindung zum Inhaber einer Oldtimer-Reparaturwerkstatt. Zu Anfang ging alles glatt. Meine Fahrzeuge wurden fachgerecht und zügig repariert. Bei Ablieferung, Abholung und Bezahlung kam der Inhaber stets aus seinem Kontor. Man fachsimpelte, besprach den Arbeitsaufwand und ging durch die Werkstatt. Ich fühlte mich als Stammkunde gut aufgehoben.

Nach einigen Jahren verschlechterte sich der Service. Entgegen der Absprache standen meine wertvollen Oldtimer immer länger in seiner Werkstatt. Entsprechend wurden die Rechnungsbeträge immer höher. Zunächst dachte ich mir nichts dabei. Auffällig war nur, dass sich der Inhaber immer weniger blicken ließ.

Auf meine Frage: »Wo ist denn heute der Herr T.?«, bekam ich als Antwort: »Oh, der ist gerade im Gespräch« oder »Der ist gerade unterwegs auf Probefahrt mit einem anderen Fahrzeug«. Alles in allem waren dies Ausflüchte und keine glaubhaften Antworten.

Ich machte dem angestellten Werkmeister schließlich klar, dass ich es doch sehr begrüßen würde, den Chef wieder einmal zu Gesicht zu bekommen, denn ich war über die steigende Tendenz bei den Rechnungssummen zusehends alarmiert. Ich wünschte mir eine Erklärung.

Der Werkmeister zeigte sich verständig und beruhigte mich: »Ja, alles kein Problem, mit dem Chef ist alles in Ordnung, beim nächsten Mal hat er sicher Zeit für Sie.« Doch es änderte sich nichts. Der Inhaber war nicht zu fassen.

Schließlich platzte mir der Kragen. Ich kündigte der Werkstatt die Freundschaft. Meine Fahrzeuge brachte ich fortan zu einem anderen Reparaturbetrieb.

Später erfuhr ich des Rätsels Lösung. Herr T. hatte sich privat komplett vergaloppiert. In der Oldtimer-Szene hatte sich herumgesprochen, dass Herr T. gleich in zweifacher Hinsicht in die Zange genommen wurde. Zum einen sah er sich mit Steuernachforderungen des Finanzamts konfrontiert, zum anderen machten ihm Frauengeschichten das Leben zur Hölle (was immer das auch heißen mochte). In seiner Not hatte er mich offensichtlich als eine willkommene Finanzierungsquelle angezapft. Aus Scham und Feigheit hatte er mich mit seinem Verhalten als langfristigen Stammkunden geopfert.

Hier haben wir es mit einem guten Lehrbeispiel zu tun. Zum einen ist dem Werkstattinhaber ein ganz und gar unmögliches Verhalten zu konstatieren – absolut unentschuldbar. Zum anderen habe ich mich als Kunde dumm verhalten. Viel zu lange bin ich mit Tomaten auf den Augen herumgelaufen. Meinem Gefühl, dass sich da etwas Ungutes zusammenbraut, hätte ich nachgehen müssen. So bin ich nach allen Regeln der Kunst in die Grube gefahren und wurde viel zu lange finanziell ausgenutzt. Und dies, obwohl die Warnzeichen an der Wand geschrieben standen.

Also egal, wie schlimm es im Leben kommen mag, treten Sie bitte einer peinlichen Situation immer mit offenem Visier entgegen. Bleiben Sie hartnäckig, wenn sich jemand verleugnen lässt. Scheuen Sie keinen Aufwand, bringen Sie die Energie auf, damit Sie den »Übeltäter« beizeiten vor die Flinte bekommen. Wenn Sie im Bilde sein wollen, wie es um Ihre Geschäftspartner steht, brauchen Sie stets den aktuellen Status über deren Befindlichkeit. Andernfalls wird es wahrscheinlich teuer.

3. Stellen Sie den Kunden in den Mittelpunkt

Nach dem Start und dem ersten Aufgalopp im Geschäftsleben besteht die eigentliche Herausforderung darin, dauerhaft erfolgreich im Markt zu bestehen. Hier kommt dem Umgang mit dem Kunden eine entscheidende Bedeutung zu. Am Rande einer Asien-Tagung hat es mir der Vorstandsvorsitzende eines alten Familienkonzerns in verblüffend einfachen Worten verdeutlicht: »Herr Elsässer, seit vier Generationen hören wir bei unseren Kunden genau hin und versuchen herauszufinden, was diese wirklich brauchen, welches Produkt sie sich wünschen und mit welcher Dienstleistung sie wohl zufrieden sein könnten. Wenn wir das wissen, dann setzen wir alle Hebel in Bewegung, damit wir ihnen dies genau so liefern können, und zwar zu Preisen, mit denen wir gut leben können.«

Wenn Sie sich umschauen, werden Sie staunen, wie selten Sie eine solch klare Fokussierung in der Business-Welt antreffen. Im Gegenteil: Die meisten Beschäftigten schlagen sich mit ihrem Ego herum. Viel zu viele Unternehmen kreisen um selbst geschaffene Probleme. Die Unsitte einer überzogenen Nabelschau hat schon so mancher Karriere ein jähes Ende bereitet und unzählige ehemals stolze Firmen in den Ruin geführt. Die Ursache für den Einsturz liegt letzten Endes fast immer an der Missachtung der Wünsche der Kundschaft und an der Ignoranz gegenüber deren Anforderungen. Arroganz auf diesem Gebiet hat meist tödliche Folgen für ein Unternehmen.

Man sollte es kaum glauben, aber auch in der Routine der Arbeitsabwicklung werden viele vermeidbare Fehler im Umgang mit den Kunden gemacht. Achten Sie bei Ihrer Arbeit zum Beispiel einmal auf folgende Aspekte:

- Liefert Ihre Firma exakt das aus, was Sie versprochen haben?
- Wird alles dafür getan, dass die zugesagten Termine von Ihnen auch stets eingehalten werden? Oder wird die Schuld von Verzögerungen in Ihrem Betrieb von einer Abteilung zur anderen geschoben?
- Werden die Vereinbarungen und Konditionen strikt eingehalten oder wird ständig versucht, »nachzuverhandeln«?

- Wenn etwas schiefläuft, werden alle Hebel in Bewegung gesetzt, damit Sie dem Kunden schnell sagen können: »Das Problem haben wir schon erkannt und behoben«? Oder bemerken Sie etwaige Schieflagen erst dann, wenn der Kunde sich beschwert?

Den Kunden in den Mittelpunkt zu stellen lohnt sich immer, egal, ob Sie dies aus einer langfristig strategischen oder kurzfristig taktischen Motivation tun. – In jedem Fall hat es einen weiteren Vorteil: Wenn Sie mit Ihrer Kundschaft so verkehren, dass alles stimmt, dann brauchen Sie betriebsintern auch keine aufwendigen Kontrollmechanismen, denn dann läuft es »wie am Schnürchen«.

4. Begehen Sie keinen Parteienverrat

Wahrscheinlich noch wichtiger als die reine Arbeitsleistung ist in den Beschäftigungsverhältnissen die Loyalität. Sie kommt an erster Stelle. Das Sich-verlassen-Können auf den rückhaltlosen Einsatz aller Mitarbeiter ist das Bindeglied, das die Individuen in einer Gemeinschaft von Geschäftsinteressen eint. Ohne den loyalen Zusammenschluss ist die Zielerreichung einer Firma oder Organisation gefährdet. Kein noch so ausgeklügeltes Überwachungssystem kann das konstruktive Element der Loyalität ersetzen.

Die Abmachung im Geschäftsleben ist unausgesprochen, aber eindeutig geregelt: Der Mitarbeiter erhält sein Gehalt und seinen Lohn. Dafür hat er sich zu 100 Prozent mit seinem Verstand, seiner Arbeitskraft und seiner unbedingten Loyalität einzubringen.

Damit sollte an sich doch alles gesagt sein. Doch weit gefehlt. Sie glauben gar nicht, wie oft ich während meiner internationalen Angestelltenkarriere das Übel des »Parteienverrats« beobachten konnte: Mitarbeiter, die heimlich oder ganz unverblümt ihre eigenen Interessen auf Kosten ihrer Arbeitgeber verfolgt haben. Lassen Sie mich Ihnen dazu einige typische Fallbeispiele aufzählen:

- Der Product-Manager in der Marketingabteilung eines Industriebetriebes in der Provinz reibt sich traditionell an den Interessen der anderen Abteilungen. Die Vertriebler sind mit seinen kreativen Verpackungsvorschlägen nicht einverstanden, dem Leiter des Rechnungswesens ist ohnehin alles zu teuer, und der Inhaber der Firma wirft am Ende sowieso immer wieder alle Entscheidungen über den Haufen. Der Frust eines Marketingmannes ist angesichts des mangelnden Verständnisses für seine Marketingkunst programmiert.
  Um wie viel besser fühlt er sich da doch von der flotten Werbeagentur in der mondänen Großstadt angezogen. Dort arbeiten Menschen seines Schlages. Sie vereint die Liebe zum Metier, zur Innovation und zu »verrückten« Ideen rund um die Produktgestaltung. Sie sprechen die gleiche Sprache. Immer wenn der Product-Manager der spießigen Atmosphäre des Provinzbetriebes entfliehen und die Werbeagentur betreten kann, fühlt er sich wie im Paradies.

Das ist die klassische Ausgangslage für einen üblen Parteienverrat. Der Product-Manager fängt an, sich mit seinen – ach so verständnisvollen – »Freunden« in der Agentur gutzustellen. Immer mehr klagt er diesen sein Leid, wie schwer er es doch bei seinem Arbeitgeber habe. Mit einem Auge schielt auf eine schöne Stelle in der Werbeagentur, sozusagen als Rückversicherung für den Fall, dass ihm eines Tages sein derzeitiges Anstellungsverhältnis aufgekündigt wird.

In der Folge wird er immer mehr die Fronten wechseln. Dies geschieht unmerklich, ohne dass die Kollegen in den anderen Abteilungen in dem Industriebetrieb dies überhaupt merken. Der Marketingmanager spielt »lieb Kind« in der Werbeagentur: Er findet deren künstlerischen Produktvorschläge ganz großartig (ganz gleich, ob diese dem Absatz des Produktes dienen), er kritisiert wenig, zeigt Verständnis, investiert unglaublich viel Zeit in den Agentur-Meetings, er »ringt« um gemeinsame Lösungen, alles mit dem Ziel eines Imageaufbaus nach dem Motto: »Der Mann würde an sich richtig gut zu uns passen. Den könnten wir hier in der Agentur später mal gut gebrauchen.«

Sie können sich vorstellen, wie hart wohl die Agenturgebühren und der Budgetumfang von solch einem »Vogel« in Ihrem Betrieb ausgehandelt werden! – Wenn Sie nun glauben, ich übertreibe, dann versichere ich Ihnen, dass ich zwei solche Fälle selbst miterleben durfte. Merken Sie sich: Marketingmitarbeiter und Leute aus der Werbeszene bilden sehr leicht einen Schulterschluss, und zwar nicht immer zu Ihrem geschäftlichen Vorteil.

- Ich habe aber auch außerhalb des Marketings in anderen Arbeitsbereichen die Tendenz zu unheiligen Allianzen beobachten können. Beispielsweise, wie
  - der biedere Leiter des Rechnungswesens eines Produktionsbetriebes bei Fusionsverhandlungen den schicken Investmentbankern gegenübersitzt und sich magnetisch angezogen fühlt. Er kann sich dem Flair der großen weiten Finanzwelt kaum entziehen. Wenn er zudem noch sein Gehalt mit den enormen Einkommensverhältnissen der Banker vergleicht, bekommt er ganz glasige Augen. Wird er die Investmentbanker in so einer Verfassung auch richtig vor das Schienbein treten? Und jene

zur Raison rufen, wenn es hart auf hart in den Verhandlungen geht?

- der Vorstand auf Kosten seines Arbeitgebers immer häufiger zu Symposien und Tagungen fährt, leidenschaftlich gern Vorträge hält, und dies alles mit dem heimlichen Hintergedanken, sich in der Headhunter-Szene einen Namen zu machen. So hat schon so mancher Geschäftsführer durch Rührigkeit die Basis für den Aufstieg in den Konzernvorstand eines Weltunternehmens gelegt. Diese Söldnermentalität ist weit verbreitet in Managerkreisen.
- der Mitarbeiter auf der mittleren Führungsebene bei voller Bezahlung den Schritt in seine Selbstständigkeit vorbereitet, ganz nach dem Slogan *I better earn while I learn* (ich verdiene lieber Geld, während ich lerne). Ohne Umschweife ausgedrückt, handelt es sich hier um nichts anderes als um Diebstahl. Sein gesamtes Tun ist darauf ausgerichtet, Know-how zu transferieren und Kundenkontakte für seine eigenen künftigen Zwecke in verschiedensten Varianten zu nutzen.

Aber auch außerhalb eines normalen Angestelltenverhältnisses ist der klassische Parteienverrat gang und gäbe. So bei Dienstleistungsverhältnissen, beispielsweise:

- Teure Unternehmensberater, die ins Haus gerufen werden, um die Firma einer kritischen Prüfung zu unterziehen. Anstatt knallharte Analysen gegen die kritisch bestehende Geschäftsführung vorzulegen, wird sich stattdessen mit der obersten »Heeresleitung« angefreundet. Sehr häufig endet dies damit, dass der Unternehmensberater die Fronten wechselt und auf einem der hoch bezahlten Vorstandssessel landet. Welch eine Überraschung!
- Der Immobilienmakler, den Sie mit der Vermietung einer Ihrer Wohnungen beauftragen. Ich durfte am eigenen Leib einen solchen Fall des Parteienverrats im Rheinland vor einigen Jahren erleben: Ich hatte gleichzeitig zwei Wohnungen zu vermieten. Ein renommierter Makler am Ort erhielt von mir das Vermietungsmandat. Alles war geregelt. Ich fühlte mich gut aufgehoben. Der Immobilienmarkt war intakt.

Zu meiner Überraschung verlief die Vermietung jedoch schleppend. Auf mein Drängen hin bekam ich nur Ausflüchte zu hören. Es nützte nichts: Nach sechs Monaten angeblich vergeblicher Vermietungsversuche entzog ich dem Makler den Auftrag.
Verärgert beauftragte ich daraufhin ein anderes, kleineres Maklerbüro. Innerhalb eines Monats waren meine beiden Wohnungen vermietet; und zwar ohne Preisnachlass.
Wo lag der Hund begraben? Wieso war es dem ersten Makler nicht gelungen, meine Wohnungen zu vermieten? Ja, da erwartete mich eine schöne Überraschung! Meine Recherchen ergaben Folgendes: Der erste Immobilienmakler war an einem großen Neubauprojekt mit 20 Wohnungen finanziell als Investor beteiligt. Diese 20 Appartements standen zeitgleich mit meinem Vermietungswunsch kurz vor der Fertigstellung. Als Mitinvestor kümmerte sich mein Makler natürlich vorrangig um die Vermietung dieses großen Wohnkomplexes. Das war für ihn ein viel lukrativeres Geschäft als mein kleiner Vermietungsauftrag. Die Prioritäten hinter den Kulissen waren eindeutig. De facto hatte er mein Wohnungsangebot, das ja eine unwillkommene Konkurrenz darstellte, für sechs Monate »kaltgestellt«.
Ich wurde mit meinen zwei Wohnungen abserviert – ein klassischer Fall von Parteienverrat: Als einfacher Vermietungskunde wurde ich seinen übergeordneten Interessen geopfert.

Also, Parteienverrat – kein schönes Thema. Seien Sie sich dessen bewusst. Es kann Ihnen in zweifacher Hinsicht im Laufe Ihres Berufslebens begegnen.

Erstens, falls die Versuchung zum Verrat an Ihrer Türe klopft. Dann denken Sie daran: Solange Sie jemand bezahlt, egal ob in Form von Gehalt oder Honorar, so lange schulden Sie ihm 100-prozentige Loyalität, bis zum letzten Arbeitstag. Danach sind Sie frei zu tun, was Sie möchten. Vorher nicht. Das können Sie drehen und wenden, wie Sie wollen. Alles andere ist verwerflich.

Zweitens: Parteienverrat kann Ihnen auch bei Ihrer Tätigkeit als Vorgesetzter oder Inhaber eines Unternehmens begegnen. Daher rate ich Ihnen dringend, jede Form von Naivität abzulegen. Bleiben Sie ein charakterlich anständiger Mensch, aber rechnen Sie mit allen Niederträchtigkeiten, die Sie sich nur ausmalen können. Fallen Sie nicht aus allen Wolken, wenn Sie immer wieder Gemeinheiten feststellen müssen. Stellen Sie sich innerlich auf Enttäuschungen über den einen oder anderen Mitarbeiter ein. Behalten Sie die Zügel fest in der Hand, ansonsten werden Sie bittere Erfahrungen machen, wenn die Mäuse auf Deck anfangen zu tanzen.

5. Dezente Hinweise – ganz pragmatisch

Und nun für Sie zum Abschluss dieses Kapitels eine Reihe von pragmatischen Hinweisen querbeet aus meiner Sammelmappe. Falls Sie im Nachfolgenden auf Ideen stoßen sollten, die Sie längst kennen und schon beherzigen, dann lesen Sie einfach flott darüber hinweg. Aber vielleicht finden Sie doch manche Anregung, die Ihnen neu ist oder in der Zwischenzeit in Vergessenheit geraten war.

Hier nun wie versprochen einige Überlegungen, eingeteilt in drei Themenbereiche:

- **Gut organisiert und ausgeschlafen**
  - Wenn die Arbeit morgens losgeht, stellen Sie alles auf START. Also bitte: den Laptop angeschaltet, den Bleistift, das Papier und den Kalender vor sich auf dem Schreibtisch! Es macht einen ganz schlechten Eindruck, wenn Sie in Ihrem ersten Telefonat mit den Worten unterbrechen müssen: »Einen Moment bitte, Herr Sandberg, wo habe ich denn bloß wieder meinen Kalender? Und mein PC fährt gerade erst hoch, es dauert nicht lange, und ich bin gleich für Sie da ...!«
  - Einen nachhaltigen Eindruck hinterlassen Sie bei Ihrem Telefon- oder Gesprächspartner, wenn Sie sich hinsichtlich seiner Person gut vorbereitet haben. Schauen Sie vorher in Ihrer Datei nach: Was hatte der Mann noch mal für ein Hobby? Richtig, er ist begeisterter Bergsteiger und liebt Südtirol ... etc. Wenn Sie dann in die Unterhaltung einfließen lassen: »Sagen Sie, Herr Sandberg, waren Sie eigentlich neulich wieder auf einer Ihrer schönen Bergtouren bei Meran ...?«, dann wird Ihr Gegenüber denken: »Mein Gott, hat der Mann ein tolles Gedächtnis«, und fühlt sich geschmeichelt.
  - Nicht, dass es von großer Bedeutung wäre, aber hier eine weitere Anregung: Befreien Sie Ihren Schreibtisch von allen Reklamekugelschreibern und Notizblöckchen, die Sie beispielsweise bei Hotelaufenthalten eingesammelt haben. Psychologisch unterstellen Sie sich dem Diktat eines anderen. Umgeben Sie sich stattdessen mit Qualität und individuell Ausgewähltem.

Ich kann es mir zwar auch nicht erklären, aber es ist wirklich wahr: Seit ein exquisiter Füllfederhalter und drei goldene Caran d'Ache-Kugelschreiber vor mir liegen und ich meine Notizen auf meinem eigenen Papier mit meinem Logo festhalte, läuft geschäftlich vieles um einiges besser.
Übrigens sollte dies auch für Ihre Privatsphäre gelten: Das Einsammeln von kleinen Shampoofläschchen und Hausschlappen bei Ihren Hotelbesuchen sollten Sie unterlassen. Diese Mischung aus Geiz und Habgier ist doch unter Ihrer Würde!

- Achten Sie auf korrekte Kleidung, auf Ihre Schuhe und auf ein gepflegtes Äußeres. Hier geht es mir nicht um Stil und Geschmack, sondern um Sauberkeit und Ordentlichkeit. Sie glauben gar nicht, wie genau Sie beobachtet werden.
  Ungeputzte und ausgelatschte Schuhe beispielsweise sind ein »no-no«. Ich habe erlebt, wie ein Finanzinstitut in einer Verhandlung in Frankfurt schlecht abgeschnitten hat, weil die Hauptklientin den Banker nach dem Gespräch mit folgender Bemerkung vernichtend eintaxiert hat: »Herr Elsässer, haben Sie eigentlich gesehen, welch ausgefranste Hemdsärmel der Herr W. hatte?« – Ja, Sie wollen es vielleicht nicht glauben, aber so ist die reale Welt!
- Wenn Sie einen neuen Job in einer weit entlegenen Region antreten, dann ziehen Sie – nach der Probezeit – bitte an den Ort des neuen Arbeitgebers. Montagsanreisen, bei denen der Wecker um 4 Uhr in der Früh klingelt und Sie schon erschöpft den Dienst antreten, Freitagsabreisen mit einem Spurt von der Arbeitsstelle, um einen früheren Zug zu bekommen oder um den Stau auf der Autobahn zu vermeiden, sind kein gutes Geschäftsmodell. Sie werden ein Mensch »zweiter Kategorie« in den Augen der heimischen Kollegen und Mitarbeiter bleiben nach der Devise: »Der gehört nicht richtig zu uns, der ist sowieso nur für eine Weile hier.«
  Erst recht verbietet sich solch eine Hin- und Herfahrerei, wenn Sie Ihren neuen Job als Geschäftsführer oder Vorstand antreten. Sie erfüllen in keiner Weise Ihre Vorbild- und Kapitänsfunktion, wenn Sie praktisch nur von Dienstag bis Donnerstag Vollzeit physisch anwesend sind. Arbeit im Homeoffice mag ja

gut und schön sein. Vergessen Sie aber nie, dass beruflich Wichtiges auch in der Privatsphäre nach Dienstschluss stattfindet: Ein Bier zum Feierabend am Freitag, die Teilnahme am Schützenfest an einem Samstag oder eine Gartengrillparty, zu der Sie einladen, all das können Sie nur stemmen, wenn Sie vor Ort wohnen.

– **Beim Geschäftsbesuch sind Sie unter Beobachtung**

Wenn Sie zu einem Geschäftstermin fahren, heißt es aufgepasst:

- Seien Sie am Empfang zu der Dame oder zu dem Herrn besonders höflich, aber zurückhaltend. Bloß keine dummen Witze oder lustigen Bemerkungen.
- Im Foyer oder im Wartezimmer keine Gespräche mit Ihrer Kollegin oder Ihrem Kollegen.
- Wenn Sie dann von einem Mitarbeiter des Hauses abgeholt werden, über die Flure gehen oder im Fahrstuhl fahren, auch dann bitte keine verfänglichen Kommentare.
- Seien Sie ausgesprochen zuvorkommend zu der Sekretärin oder dem Assistenten Ihres Gesprächspartners.

Ich habe es so häufig miterlebt, dass der Big Boss nach Abmarsch seiner Besucher den einen oder anderen Mitarbeiter kommen ließ und diesen um seine Meinung zur Einschätzung des werten Besuchers gebeten hat. Da viele Menschen unsicher sind, wenn es um Menschenkenntnis geht, verlassen sie sich gerne auf das Urteil anderer. Das kommt häufiger vor, als Sie denken.

Wenn Sie es sich mit der Privatsekretärin oder dem Privatsekretär des Generaldirektors oder Inhabers verscherzen, dann können Sie gleich einpacken. Mir ist die donnernde Aussage eines Schokoladenfabrikanten noch gut in Erinnerung: »Einen anderen Geschäftspartner kann ich immer finden, aber meine treue Sekretärin, Frau Salzberg, die ist für mich unersetzlich!«

Viele Geschäftsleute glauben, dass sie bei ihren Besuchen nach dem eigentlichen Gesprächstermin unbeobachtet sind. Auch hier rate ich zur Vorsicht. Selbst wenn Sie sich alleine ohne Begleitung im Fahrstuhl befinden und dabei sind, das Haus zu verlassen, sollten Sie beispielsweise nicht gleich »lostelefonieren«.

Sind Sie zu zweit oder zu dritt zu Besuch, dann bloß keine Gespräche in Reichweite der Firma, auch nicht auf dem Firmenparkplatz.

Wer weiß, ob Sie nicht von einem Fenster aus beobachtet werden. An Ihrer Körpersprache lässt sich einiges erkennen. Und noch einmal zum Fahrstuhl oder Foyer: Können Sie ausschließen, dass Sie nicht etwa abgehört werden? Offiziell ist dies ja nicht erlaubt, aber ... Also, führen Sie vertrauliche Gespräche erst nach Verlassen des Geländes. Wenn es eilt, legen Sie halt einen Stopp im nächstgelegenen Café ein. Dort sollten Sie sicher sein.

– **Anstand, Mitgefühl und Anteilnahme**

Bei aller geschäftlichen und beruflichen Orientierung: Achten Sie auf Ihre Umgangsformen. Ich denke hier an kleine Dinge, die das Zusammenleben der Menschen leichter machen. An erster Stelle steht für mich in dieser Hinsicht das »Dankesagen«. Was mir immer wieder auffällt, ist, wie selten ich dieses kleine Wort »danke« zu hören oder zu lesen bekomme. Aber es gibt löbliche Ausnahmen: In der Schweiz bedankt sich sogar das Finanzamt für den Eingang einer Steuerzahlung. Überprüfen Sie, inwieweit »danke« oder »Haben Sie Dank« in Ihren Wortschatz Eingang gefunden hat.

Eine weitere Empfehlung in diesem Zusammenhang lautet: »Wer schnell gibt, gibt doppelt.« Nach einer netten Einladung, nach Erhalt eines freundlichen Schreibens oder eines Geschenks bedanken Sie sich bitte möglichst umgehend. Das zeigt die größte Wirkung. Sollten Sie es wegen schlechter Organisation oder glatter Faulheit versäumen, sich rechtzeitig zu bedanken, dann ist der gewünschte Effekt dahin. Je mehr Zeit ins Land geht, umso größer ist die Wahrscheinlichkeit, dass es Ihnen am Ende immer peinlicher wird, mit der Konsequenz, dass Sie sich schließlich überhaupt nicht bedanken.

Wovon ich Ihnen beim »Dankesagen« allerdings abraten möchte, ist, mit einer Art von »Überorganisation« an dieses Thema heranzugehen. Was meine ich damit? Ich bekomme zum Beispiel seit Jahren zu meinem Geburtstag von einem Agenten stets einen Computerausdruck – jedes Jahr den gleichen – mit einem »Happy Birthday«-Standardtext und einer kommentarlosen Unterschrift: »Meier«.

Ein anderer Bekannter von mir beantwortet meinen jährlichen Weihnachtsgruß zwar umgehend, also vorbildlich, aber ebenfalls mit dem einem Standardtext, ohne Unterschrift und ohne persönlichen Gruß. So etwas bringt gar nichts; im Gegenteil, solche Sperenzchen lassen Sie besser bleiben.

An zweiter Stelle kommt dann bei mir das Lächeln. Keiner sieht ja während des Tages seinen eigenen Gesichtsausdruck. Ohne dass man es ahnt, läuft man viel zu schnell mit einem mürrischen Gesichtsausdruck herum. Das kann langfristig böse Folgen haben. Es stimmt nun einmal, dass im Alter jeder für sein Gesicht selbst verantwortlich ist. Sie brauchen sich ja nur einige Politiker und Politikerinnen anzuschauen und werden den Wahrheitsgehalt dieser Aussage bestätigt finden.

Das Lächeln hat eine magische Kraft, die wohl aus der archaischen Urzeit der Menschheit stammt. In einem Buch bin ich auf die schöne Empfehlung gestoßen: »Immer lächeln, auch wenn kein Grund (sic).« Lächeln empfiehlt sich selbst bei einem Telefongespräch. Ich bin überzeugt davon, dass das Lächeln Ihre Stimmlage in positiver Weise verändert. Probieren Sie es einmal aus.

Wenn es mal nicht so gut läuft

Egal, wie Ihr Leben verlaufen wird, Niederlagen, Rückschläge, Fehlentscheidungen und Krisen werden Sie nicht vermeiden können. Es ist eine Illusion zu glauben, dass Sie sich bei allem Fleiß, aller Tüchtigkeit und Raffinesse dagegen wappnen können.

Erfahrene Geschäftsleute rechnen immer mit dem Unerwarteten. Sie beziehen Ereignisse, die an keinem Horizont zu erblicken sind, mit in ihr Kalkül ein. Das bedeutet nicht, dass sie den Mut sinken lassen. Es geht auch nicht darum, sich mit angezogener Handbremse den Schneid abkaufen zu lassen.

Der Großaktionär einer Investment-Holding-Aktiengesellschaft, deren Aufsichtsrat ich mehrere Jahre als Vorsitzender leiten durfte, hat es am Rande einer Sitzung schön formuliert: »Die herrlichen Villen und Hochhäuser an der Park Avenue in Manhattan sind alle von Optimisten gebaut worden.« – Recht hat er: von Optimisten, aber nicht von Fantasten und schon gar nicht von Zauderern und Berufspessimisten.

Setzen Sie also nicht blind auf Wachstum um jeden Preis. Nehmen Sie lieber ein wenig Tempo raus und stärken Sie Ihre finanziellen Rücklagen. Überprüfen Sie fortlaufend, ob Ihr Business-Modell wirklich profitabel genug ist. Trennen Sie sich von wenig lukrativen Geschäftsverbindungen und verzichten Sie auf problematische Kundenbeziehungen.

Es ist einfach keine gute Grundlage für Ihre Existenz, wenn Ihre Firma oder Ihr Geschäft beim geringsten wirtschaftlichen Gegenwind kollabiert. Was nützt es Ihnen da, jahrelang ein großes Rad gedreht zu haben. Großmannssucht hat noch keinem gutgetan. Haben Sie nicht auch schon am Flughafen das Gefühl gehabt, dass viele Leute lediglich als »Mrs. Wichtig oder Mr. Wichtig« unterwegs sind?

Auch als Angestellter oder Beamter müssen Sie mit dem Unerwarteten rechnen. Deshalb sollten Sie immer einen Plan B für Ihre Karriereplanung in der Tasche haben. Seien Sie vorbereitet, wenn sich ungünstige Entwicklungen oder radikale Veränderungen in der Organisationshierarchie für Sie abzeichnen. Arbeiten Sie Ihren alternativen Notfallberufsplan während der Zeit aus, wenn noch gar keine Notwendigkeit dazu besteht.

Ich bin immer wieder schockiert, wie viele Menschen sich vom Leben einfach treiben lassen. Ein junges Ehepaar aus Skandinavien antwortete mir auf meine Frage, wie es denn nun nach der Geburt des ersten Kindes privat und beruflich weitergehen sollte: »*We have no plans.*« (Wir haben keine Pläne.) Ich konnte zunächst gar nicht glauben, was ich da zu hören bekam, und war einigermaßen sprachlos.

Wie schon gesagt, es wird unvermeidlich sein, dass Sie sich mit extrem schwierigen Situationen und Niederlagen auseinanderzusetzen haben. Es macht jedoch einen großen Unterschied, in welcher psychischen Verfassung und mit welchen materiellen Rücklagen Sie dem Sturm auf hoher See trotzen.

1. Selbst kreierte Krisen

Es sind aber nicht immer allein Schicksalsschläge, Regierungsmaßnahmen oder Naturkatastrophen, die den Menschen Schwierigkeiten bereiten. Bei näherem Hinsehen habe ich häufig feststellen müssen, dass es sich bei mancher persönlichen Schieflage um eine selbstgemachte Krise handelt.

Wenn Sie in Ihrem Bekanntenkreis solche Fälle kennen, dann hilft nur eine nüchterne Analyse. Mitleid ist fehl am Platz. Die harte Wahrheit ist: Häufig steht der Misserfolg von vornherein fest. Das kann viele Ursachen haben wie zum Beispiel:

- wenn die Kapitalausstattung in Ihrer Firma nicht ausreicht und jeder Profi erkennt, dass Liquiditätsengpässe programmiert sind.
- wenn Sie sich mangels Erfahrung oder fehlendem Fach-Knowhow außerhalb Ihres Kompetenzbereichs bewegen. Das passiert sehr schnell, wenn Sie sich in eine neue Branche begeben, in der Sie noch nie gearbeitet haben. Ein Fabrikant sagte mir in diesem Zusammenhang einmal: »Von außen sieht manches Business-Segment attraktiver aus als das eigene. Die Probleme werden aber erst sichtbar, wenn Sie die Firma an der Backe haben«.
- wenn Sie sich in unbedachter Weise in ein »Haifischbecken« begeben. In manchen Branchen ist einfach nicht gut Kirschen essen. Auf Newcomer hat dort keiner gewartet. Mit einem neuen Konkurrenten wird unbarmherzig verfahren. Denken Sie immer an die alte Weisheit und Empfehlung: »Nie mehr als einen Feind!«

Eine weitere Komponente des selbst kreierten Desasters hat ihre Ursache in einer psychologischen Fehleinstellung. Es ist die unsägliche Tendenz mancher Menschen, »mit dem Hintern das einzureißen, was sie vorne aufgebaut haben«. Statt für das Erreichte dankbar zu sein und den Erfolg mit Respekt zu würdigen, wird das gütige Schicksal als selbstverständlich hingenommen. Schnell ist die Wertschätzung für das Erreichte dahin. Die Engländer drücken das mit den Worten *count your blessings* aus (zähle alles Gute).

Viele Menschen kommen scheinbar nur schwer mit dauerhaftem Erfolg zurecht. Eine routinemäßige Beständigkeit, die ihnen einen auskömmlichen Lebensstandard sichert, macht ihnen zu schaffen. Die Schattenseite des Egos sowie das Bedürfnis nach *excitement* (Aufregung/Nervenkitzel) sitzen bei diesen Menschen mit einer destruktiven Macht tief im Unterbewusstsein.

Auf all meinen Berufsstationen habe ich immer wieder beobachten können, wie nach langen Mühen und viel Einsatz der endlich erreichte Erfolg zunichtegemacht wurde. Unfrieden, Eifersucht oder Missgunst, aber auch schiere Dummheit waren meistens der Grund dafür.

Es ist leider typisch für diese Fälle, dass die Betroffenen die Schuld gerne bei anderen suchen. Anstatt ihre Situation grundlegend zu ändern, verfallen die Unruhestifter in eine klassische Opferrolle. Das kann teilweise jahrelang so gehen. Ein verdrehter Denkansatz kann sich sehr schnell des Charakters eines Menschen bemächtigen. – Falls Sie, geehrte Leserinnen und Leser, solche Unterströmungen bei sich selbst feststellen sollten, dann steuern Sie bitte beizeiten gegen.

Ein weiterer Aspekt: Es ist eine falsche Annahme, dass große Erfolge immer mit viel Mühe und Last verbunden sein müssen. Dieser Unsinn wird vielen schon in der Schule eingeimpft. »Gute Buben und Mädchen« haben die Zähne zusammenzubeißen. Natürlich gibt es auch Ausnahmen, aber in der Regel ist die Schulzeit von einer argen Paukerei geprägt. Unbewusst werden die Schüler auf diese Weise darauf eingestimmt, dass besondere Erfolge und auch Wohlstand nur mit hartem und schwerem Einsatz erreichbar sind.

Die Entwicklung eines Fingerspitzengefühls sowie die Erkenntnis, dass sich berufliche Ziele auch ohne Mühsal erreichen lassen, bleiben auf der Strecke. Die Vorstellung, dass große geschäftliche Erfolge leicht und locker von der Hand gehen können, ist bei vielen Menschen mit einem latent schlechten Gewissen verbunden.

Natürlich geht es nicht ohne Arbeitseinsatz, Engagement und Hingabe im Beruf. Aber die wirklich erfolgreichen Menschen empfinden ihre Arbeit eben nicht als unerträglichen Druck. Sie ächzen nicht unter der Last auf ihren Schultern.

Glauben Sie mir – im Leben ist es an sich ganz einfach: Wenn alles in Ihrem Sinne läuft, dann merken Sie es auch. Und solange Sie in diesem Stadium nicht angekommen sind, stimmt eben etwas nicht. Stures Durchhalten hilft da nichts. Überprüfen Sie, ob Druck und übermäßige Beschwernis unter Umständen als gut gemeinter Warnhinweis zu verstehen sind.

Falls Sie sich grundsätzlich falsch positioniert haben, dann gilt für Sie das Prinzip der geringsten Anstrengung: Je mehr Mühe Sie sich geben, desto größer wird die Wahrscheinlichkeit, dass Sie Ihr Ziel nicht erreichen. Versuchen Sie Ihren Erfolg nicht zu erzwingen, ansonsten wird sich wahrscheinlich alles gegen Sie stellen.

2. Vom Umgang mit Fehlern und Schieflagen

Sobald Sie merken, dass die See unruhig wird und Sie in eine Schieflage geraten, gibt es nur einen Rat: Wehret den Anfängen! Schnell zu reagieren ist das A und O. Unschöne Wahrheiten nicht wahrhaben zu wollen, kann böse Folgen haben. Zögerliches Hinausziehen von unangenehmen Entscheidungen macht es nur noch schlimmer.

- Diese Erkenntnis wurde mir bereits im jugendlichen Alter von meinem Vater in Paris vor Augen geführt. Ich war in den Internatsferien bei ihm zu Besuch. Wir schlenderten abends durch das vornehme Stadtviertel Neuilly. Mir fielen die vielen Luxusfahrzeuge, meist amerikanische Straßenkreuzer, auf. Sie hatten seltsame Nummernschilder, die ich zuvor noch nie gesehen hatte.
  Ich fragte meinen Vater: »Papa, sag mal, was sind denn das für komische Nummernschilder?« »Ja, das ist interessant. Die sind aus dem Libanon. Die gehören den cleveren Libanesen, die ihre Heimat beim ersten Schuss des Libanon-Nahost-Konflikts verlassen haben. Die konnten noch in aller Seelenruhe ihr Vermögen transferieren, haben sich in ihre Autos gesetzt und sind in Richtung Westeuropa abgefahren, meist über die Balkanroute. Jetzt machen sie ihre Geschäfte von hier aus.« – Ich weiß noch ganz genau, wie mich das beeindruckt hat. In diesem Moment spürte ich, dass ich etwas Wichtiges für mein Leben gelernt hatte.
- Ich rate Ihnen, stets gute Nerven zu behalten. Verfallen Sie auf keinen Fall bei den ersten Anzeichen von Gewitterwolken gleich in Panik. Ziehen Sie keine vorschnellen Schlüsse. Widerstehen Sie der Versuchung, aus der Hüfte zu schießen. Trainieren Sie es sich an, mit Augenmaß kritische Situationen zu beurteilen.
- Wenn Sie früh Fehlentwicklungen diagnostizieren können und auch in der Lage sind, sich Niederlagen einzugestehen, dann haben Sie einen zusätzlichen Vorteil. Denn wenn Sie Fehler schnell beheben, dann haben Sie den Zeitfaktor auf Ihrer Seite. Es ist gar nicht gut, sich lange mit Missständen herumzuquälen oder bang auf Veränderungen zu hoffen. Sie sind besser beraten, aus den Fehlern zu lernen, und je früher Sie diesen Schritt vollziehen, umso mehr Zeit haben Sie, daraus Nutzen zu ziehen.

3. Mitten in der Turbulenz

Wenn Sie trotz aller Weitsicht und Vorsichtsmaßnahmen in einer handfesten wirtschaftlichen Krise landen, dann müssen Sie streng auf Ihre Prioritäten achten. Es heißt nun, auf Krisenmodus umzuschalten:

- Betreiben Sie sofortige Schadensbegrenzung, wo auch immer die Bedrohung in der jeweiligen Krise herrührt.
- Lassen Sie keine Angstzustände aufkommen. Wenn die Panik Sie packt, werden Sie keine guten Entscheidungen treffen. In kopflosen Aktionismus oder in lethargische Apathie zu verfallen wird Ihre Situation nur verschlechtern. Sollten Sie Ihre Ängste selbst nicht in den Griff bekommen, holen Sie sich Hilfe. Sprechen Sie mit besonnenen, erfahrenen und fachkundigen Menschen.
- Kümmern Sie sich um Ihre Finanzen. Tun Sie alles, um Ihren Cashflow abzusichern. Gehen Sie proaktiv zu Werk. Warten Sie nicht, bis an Ihre Türe geklopft wird. Der Katalog an Möglichkeiten für Sie ist groß. An dieser Stelle nur drei Beispiele:
  - Machen Sie sofort einen Termin bei Ihrer Bank. Legen Sie die Fakten auf den Tisch. Beschönigen Sie nichts. Setzen Sie Ihren Banker ins Bild. Verhandeln Sie zäh. Bleiben Sie souverän. Fallen Sie nicht gleich um. Sie wissen ja: Ein NEIN ist noch lange kein NEIN.
  - Gehen Sie kreative Wege. Legen Sie alle Hemmungen ab. Sprechen Sie beispielsweise einen reichen Onkel oder eine gutmütige Tante an. Bitten Sie um eine Zahlung aus einem eventuellen Vorerbe. Wenden Sie sich mit Ihrem Hilfegesuch an Ihren Freundeskreis. – Schön wird das nicht. Keiner steigt gerne vom hohen Podest herab. Doch für Stolz und vornehme Zurückhaltung ist in der Krise kein Platz.
  - Bitten Sie wichtige Kunden und Lieferanten zu sich, nach der Devise: »Was können wir zusammen tun, um aus der Misere herauszukommen?« Gehen Sie diese Gespräche mit einer entwaffnenden Ehrlichkeit an.

Wenn der Sturm um Sie herum so richtig tobt und die Wellen über Ihrem Kopf zusammenschlagen, dann wird der Wunsch nach dem rettenden Ufer immer stärker. In nüchterner Analyse liegt der Weg dorthin meist klar vor Ihnen. Das Problem besteht häufig darin, dass Sie diesen nur nicht richtig sehen. Dabei ist es gar nicht so schwer, diesen zu skizzieren. Es kommt letztlich auf drei Punkte an, die Sie mit Verstand beherzt angehen sollten. Hier die einfache Formel, angelehnt an die Landwirtschaft:

1. Wie kriegen Sie die Kuh aus dem Graben?
2. Finden Sie heraus, wieso die Kuh überhaupt in den Graben fallen konnte.
3. Setzen Sie alle Hebel in Bewegung, dass die Kuh nie wieder in den Graben fällt.

Mitten in einer Krise ist keine Zeit für waghalsige Experimente. Werfen Sie stattdessen Ballast von Bord. Ziehen Sie sich auf Ihre Kernkompetenz zurück. Lösen Sie sich von belastenden Aktivitäten. Befreien Sie sich von unnötigem Besitz.

Wenn Sie schließlich das Ihnen Menschenmögliche getan haben, um in der Krise nicht unterzugehen, dann kommen Sie zur Ruhe. Nicht umsonst gibt es ja den alten Spruch »In der Ruhe liegt die Kraft«.

Mein Bankiersfreund aus der Schweiz hat mir während der Börsenkrise im Jahr 2002 von seinem schottischen Geschäftsfreund erzählt. Seine Empfehlung lautete: *My friend, in the midst of the storm, stand still, keep your chin up and your kilt down, and let the wind blow.* (Im Sturm halte dein Kinn hoch und deinen Rock nach unten und lass den Wind wehen.) – Ist das nicht ein schönes Bild?

4. Sie brauchen eine Reissleine!

Eine ganze Reihe von Rückschlägen und Niederlagen lässt sich von vornherein vermeiden. Gewöhnen Sie sich an, systematisch nach einem festen Schema vorzugehen. Reagieren Sie auf die ersten Anzeichen einer drohenden Fehlentwicklung möglichst umgehend. Das nenne ich sinnbildlich Ihre persönliche »Reißleine«. Diese kann sich als ein nützliches Utensil erweisen.

Mit einer Reißleine fällt es Ihnen leichter, sich zu positionieren, und zwar immer dann, wenn es anfängt, brenzlig zu werden. Hier besteht ein großes Manko. Es ist leider eine Tatsache, dass die meisten Menschen durch das Leben eher von außen »geschoben« werden. Von solch einer Einstellung für Ihren Lebensweg möchte ich Ihnen abraten. Je selbstbestimmter Sie das Kommando über Ihr eigenes Leben übernehmen, umso besser werden Sie mit Krisen umgehen können. Oder wollen Sie es rein dem Schicksal überlassen, wohin der Wind Sie weht?

Dabei hilft Ihnen Ihre Reißleine. Gewöhnen Sie sich an, diese stets gedanklich bei sich zu führen. Der Trick besteht darin, sich Klarheit darüber zu verschaffen, wann Sie Ihre Reißleine ziehen sollten. Ansonsten werden Sie viel Zeit verlieren oder gar den rechten Zeitpunkt zum Absprung verpassen. Was meine ich damit? Hier einige Beispiele dazu:

- **Als Arbeiter oder Angestellter**
  - Wie häufig wollen Sie es sich gefallen lassen, bei Beförderungen übergangen zu werden?
  - Ab welchem Punkt sind Sie willens zu kündigen?
  - Wie lange werden Sie tatenlos hinnehmen, dass Ihr Gehalt nur schleppend ausgezahlt wird?
- **In der Geschäftswelt**
  - Auf welchen Zahlungskonditionen werden Sie bestehen, wenn ein Kunde sich als Dauerschuldner erweist?
  - Wie verfahren Sie mit einem Lieferanten, der Sie nicht vertragskonform beliefert?
  - Wo legen Sie die Messlatte an, wenn Mitarbeiter Sie fortlaufend schikanieren?

- Wie wollen Sie reagieren, wenn Ihr Auftraggeber Sie mehr und mehr menschenunwürdig behandelt?

– **Im Privaten**
  - Auch im Privaten fährt es sich mit einer eigenen Reißleine besser. Mein 70-jähriger Freund aus Rio de Janeiro sagte während der Covid-19-Krise dazu: »In meinem Alter bin ich nicht länger bereit, moralische Kompromisse einzugehen.«

Generell stelle ich fest, dass nur wenige Menschen eine feste Reißleine mit sich führen. Viele Angestellte beispielsweise wiegen sich zu sehr in einer Art Scheinsicherheit. Sie sind aus meiner Sicht zu unachtsam. Meist lautet ihr Motto: »Was kümmert es mich, was mein Arbeitgeber macht? Solange ich mein Gehalt bekomme, kann mir das doch egal sein.« – Da wäre ich vorsichtig. Wie so etwas ausgehen kann, konnte ich aus meinem Bekanntenkreis erfahren.

Mein Bekannter war bei einer schwäbischen Firma in der Baustoffbranche angestellt. Er arbeitete erfolgreich im Außendienst. Schon lange hatte er mir erzählt, wie die Inhaberfamilie immer mehr Geld für private Zwecke ausgab. Sichtbar wurde dies an dem privaten Fuhrpark. Erst stand ein Sportwagen auf dem Firmenparkplatz, dann kam ein Mercedes-S-Klasse dazu. Später standen auch noch die teuren Wagen der Tochter, des Sohnes und der Ehefrau daneben. Mein Bekannter hatte kein gutes Gefühl. Ihm missfiel vor allem, dass der Firmeninhaber zur gleichen Zeit immer kleinlicher bei der Spesenabrechnung wurde.

Ich sprach meinen Freund auf diese ungute Entwicklung an. Auf meine Bedenken hin wiegelte er ab: »Der Chef ist halt ein Idiot. Aber was kümmert es mich? Solange er mich im Außendienst in Ruhe lässt, kann es mir egal sein.« – Ich hatte kein gutes Gefühl bei der Sache.

Und wie ist die Geschichte schließlich ausgegangen? Eines Montagmorgens waren keine Luxusautos zu sehen. Stattdessen empfing ihn ein Insolvenzverwalter. Mein Bekannter fiel aus allen Wolken, denn der Absatz der Produkte lief ausgezeichnet. Durch den Zusammenbruch der Firma verlor er seinen Job. Ihn erwartete eine längere Zeit der Arbeitslosigkeit.

Ein trauriges Fallbeispiel für eine Person, zwar mit einer sensiblen Wahrnehmung, aber ohne einen straffen Zug an seiner Reißleine. Mit einer konsequenten Haltung hätte er mehrere Jahre Zeit gehabt, sich nach einem solideren Beschäftigungsverhältnis umzuschauen. – Meine Empfehlung: Wenn es richtig diffizil wird und Ihr Bauchgefühl beginnt, Ihnen Signale zu senden, dann aktivieren Sie besser Ihre Reißleine. Sie sollten derjenige sein, der über den Zeitpunkt entscheidet, und dieser Moment sollte möglichst früh sein. Fallschirmspringer ziehen ihre Reißleinen ja auch nicht erst 20 Meter über dem Boden.

5. Die Krise als Segen

Ich habe in meinem Berufsleben viele Krisen erlebt. Allein im Finanzbereich hatte ich die Börsen-Crashs von 1987, 2003, 2008 und 2020 zu überstehen. Als Investor habe ich gelernt, mich angstfrei den Geschehnissen zu stellen. Zeiten von Turbulenzen und Unruhen sind für mich immer eine Phase von fokussiertem Arbeitseinsatz. Es gab für mich nie einen Grund, die Zuversicht zu verlieren. Mit einer distanzierten Haltung, einem scharfen Blick für die Realität und einer konsequenten Anwendung meiner »Reißleine« bin ich aus allen Krisen gestärkt hervorgegangen, und dies nicht nur finanziell.

Außerdem sollten Sie eines nicht vergessen. Ein Unglück ist eben nicht immer ein Unglück. Oftmals stellt es sich erst später heraus, ob ein Ereignis wirklich ein Missgeschick war. Hierzu gibt es eine schöne Anekdote aus dem 19. Jahrhundert. Sie spielt in Galizien (Osteuropa).

– Tief in der Provinz (die heute zur Ukraine gehört) lebt ein reiches Ehepaar mit ihrem 20-jährigen Sohn. Es ist an der Zeit, eine gute Ehefrau für den Sohn zu finden. Der Heiratsvermittler wird beauftragt, in den umliegenden Gemeinden nach einer akzeptablen Braut Ausschau zu halten. Doch vergebens: Keine junge Frau will den jungen Mann ehelichen, denn er hat einen hässlichen Kropf. Der Kummer ist groß. Die Eltern wehklagen: »Was für ein Unglück. Warum hat uns Gott bestraft? Ein Kropf, ein Kropf, was gibt es Schlimmeres als einen Kropf?!«
  Die Zeit vergeht. Der junge Mann wohnt weiter zu Hause. Eines Tages ruft der Zar den Krimkrieg aus. Die jungen Männer werden zum Kriegsdienst eingezogen. Die Eltern sind untröstlich. Ihr einziger Sohn soll an die Front. Der sichere Tod erwartet ihn. Es kommt der Tag der Musterung. Doch, oh Wunder, der Sohn wird nicht eingezogen. Ein Soldat mit einem Kropf, das gibt es nicht in der Armee des Zaren!
  Die Eltern sind außer sich vor Freude: »Gepriesen sei der Herr. Er hat unseren Sohn gerettet. Ein Kropf, ein Kropf, kann es etwas Schöneres geben als einen Kropf?!«

Wenn Sie sich umhören oder viele Biografien lesen, dann werden Sie oft auf folgenden Sachverhalt stoßen: So mancher steile Aufstieg zu großem Reichtum hatte seinen Anfang in einem sogenannten »Unglück« oder in einer Katastrophe. Der Medienunternehmer Michael Bloomberg aus New York, Multimilliardär, wäre ohne eine unangenehme Entlassung nie auf die Idee gekommen, sich selbstständig zu machen. Bloomberg ist nur ein Fall von vielen. Unzählige Unternehmer und Investoren wurden auf ähnliche Weise zu ihrem Glück gezwungen.

Es ist nun einmal so: Jede Krise, die mit voller Wucht über Sie hereinbricht, mobilisiert Kräfte, die im normalen Alltag nie zum Vorschein kommen. Mit einem schicksalshaften Tritt in den Hintern fällt es leichter, die Komfortzone zu verlassen.

Kein Buch mit sieben Siegeln – der Umgang mit Geld

Im letzten Kapitel wollen wir nun auf das Thema Ihrer Finanzen zu sprechen kommen. Gewisse Grundkenntnisse von Geld und Kapital sind unerlässlich, und zwar unabhängig von Ihrem Beruf sowie von Ihren Einkommens- und Vermögensverhältnissen.

Ausflüchte lasse ich hier nicht gelten. Es gibt schlicht und einfach keine Entschuldigung für Ignoranz und Unwissen auf diesem Gebiet. Bis heute erlebe ich bei meiner Beratung von Privatpersonen immer wieder, wie intelligente und vernünftige Menschen hilflos diesem Thema gegenüberstehen. Bei den Finanzen werden die Augen gerne fest geschlossen gehalten.

In der Praxis habe ich die verschiedensten Schattierungen kennengelernt:

- Da haben wir zunächst den erfolgreichen Geschäftsmann und Manager, der mit seinem Privatkapital – selbst in Millionenhöhe – jahrzehntelang im Dunklen tappt.
  - Aus Unkenntnis und Angst liegen die Ersparnisse unproduktiv und zinslos auf den Bankkonten herum.
  - In amateurhafter Weise wird auf das Geratewohl hin mit den Finanzen in allen möglichen Abenteuern spekuliert, fast immer mit einem Verlust als Resultat.
  - In unverantwortlicher Weise wird ohne nähere Prüfung irgendwelchen »Finanzexperten« vertraut.

- Geschäftsführer und Inhaber von Firmen erleiden unternehmerischen Schiffbruch, weil sie sich einreden, ohne Erfahrung den Finanzdirektor spielen zu können.

– Am anderen Ende der Skala haben wir es mit den Menschen zu tun, die ein Leben lang finanziell zu nichts kommen. Auch hier stoße ich immer wieder auf eine erstaunliche Vielfalt von Problemfällen:
  - Menschen, die ein Leben lang von der Hand in den Mund leben. Es will ihnen einfach nicht gelingen, Rücklagen zu bilden.
  - Sympathische Menschen, denen das Geld permanent durch die Finger rinnt, ganz gleich, um welche Summen es sich handelt.
  - Dauerschuldner – Menschen, die sich permanent mit einer Schuldenlast und mit Kreditzinsen herumschlagen.

Es ist verwunderlich, wie häufig tüchtige Menschen in ihrem privaten Finanzbereich versagen. Aus meiner Erfahrung ist das vollkommen losgelöst von Alter, Ausbildung und Beruf. Dem Ganzen liegt der Irrglaube zugrunde, dass es sich bei den Finanzen um ein Buch mit sieben Siegeln handelt. Dabei lässt sich der Umgang mit Geld leicht erlernen. Es braucht nur ein bisschen Mühe und guten Willen.

Ich versichere Ihnen: Der Zugang zum Thema Geld und Kapital steht für alle offen und ist kein Monopol von Bankexperten oder Steuerberatern. Vielleicht liegt das Problem auch darin, dass die simple Wahrheit oft zu einfach klingt. Da die meisten Menschen in ihren jungen Jahren nicht an das Thema Geld herangeführt werden, haben sie unnötigerweise viel zu viel Respekt davor. – Noch einmal, man kann es nicht oft genug betonen: Es gibt wirklich keinerlei Veranlassung, um dieses existenzielle Thema einen Bogen zu machen.

Ob Sie nun als Künstler, Oberstudienrat, Zahnarzt, Rechtsanwalt oder als Gewerbetreibender unterwegs sind, machen Sie sich mit bestimmten Finanzgrundregeln vertraut. Schon mit kleinen Schritten und etwas Systematik sowie Disziplin kommen Sie bei Ihren privaten Finanzen auf eine viel bessere Spur.

Es geht ja nicht darum, unrealistische Finanzziele zu erreichen. Was von den meisten Menschen übersehen wird, ist die lebenslange Bedeutung des Faktors »Geld«. Dabei ist es im Leben nicht entscheidend, in welche Dimension ein Vermögen wächst. Worauf es wirklich ankommt, ist, einen dauerhaften Geldmangel zu vermeiden. Das Leben ist viel zu wertvoll, als dass es von einer Knappheit an Geldmitteln dominiert wird. Es ist einfach ein Jammer, mit anzusehen, wie die Lebensfreude vieler Menschen von dauernden Geldsorgen überschattet wird. Das muss nicht sein.

In den nachfolgenden Abschnitten ist es mein Anliegen, Ihnen einige pragmatische Tipps an die Hand zu geben. Vielleicht bleiben Ihnen damit Finanznöte und Rückschläge erspart. Eventuell finden Sie auch einen leichteren Zugang zu einer deutlichen Verbesserung Ihrer finanziellen Ausgangssituation.

Sollten Sie Interesse an weiterführenden Finanzthemen verspüren, zum Beispiel in puncto Kapitalanlagen, Aktien, Börse und Vermögensverwaltung, dann rate ich Ihnen, Ihr Basiswissen zu vertiefen. Der FinanzBuch Verlag FBV bietet eine Fülle an Buchtiteln zu diesem Themenkomplex an.

(In eigener Sache kann ich mein Büchlein *Des klugen Investors Handbuch* empfehlen. Es erfreut sich seit Jahren großer Beliebtheit, ist ein heimlicher Dauerbestseller, liest sich leicht und locker, ohne jedes Fachchinesisch, und ist eine ideale Bett- und Reiselektüre. Details und Referenzen finden Sie am Ende des vorliegenden Buches.)

1. Sparen Sie nach der 10-Prozent-Methode

Jedes noch so große Vermögen hat einmal klein angefangen. Der Weg zu Ihrem eigenen Kapitalstock führt über das Sparen. Das klingt recht »unsexy«. Das Wort »Ersparnis« ist ja fast schon aus dem modernen Sprachschatz verschwunden. Es erinnert an die Generation unserer Großeltern und an die Nachkriegszeit. Die Richtlinie für die Vermögensbildung ist jedoch auf der ganzen Welt für alle Menschen die gleiche geblieben. Das eindeutige Postulat lautet: Ein Leben lang mehr einnehmen als ausgeben!

Sie können es drehen und wenden, wie Sie wollen: Wer gegen diesen simplen Grundsatz dauerhaft verstößt, wird es finanziell nicht weit bringen. Das Sparen legt das Fundament für den Vermögensaufbau. Erst im zweiten Schritt folgen die Überlegungen, auf welche Weise mit dem Kapital in optimaler Weise zu verfahren ist.

Ich weiß, dass das altmodische Sparen nicht gerade spannend ist. Das Jonglieren mit Geld und Kapital bietet da ganz andere Reize. Deshalb flüchten sich ja so viele Anleger auch in riskante Investments, sobald sie ein wenig Geld beisammenhaben. Sie glauben, mit allen möglichen Kimmzügen und Zauberformeln ihr Kapital vermehren zu können. Das Ergebnis ist am Ende meistens negativ.

Das kontinuierliche Sparen fällt vielen Menschen extrem schwer. Deshalb plädiere ich für eine disziplinierte Systematik, die Ihnen hilft, auf das richtige Gleis zu kommen. Mein Vorschlag für Sie ist deshalb auch ein völlig unspektakulärer:

Sparen Sie jeden Monat 10 Prozent Ihres Bruttolohns.

Richten Sie einen Dauerauftrag auf Ihrem Gehaltskonto ein und lassen sich monatlich 10 Prozent Ihres Bruttolohns auf ein separates Konto überweisen. Auf diesem Konto sammeln Sie Ihre Ersparnisse an. Für Konsum oder Anschaffungen stehen diese Gelder nicht zur Verfügung. Daran müssen Sie sich strikt halten. Die monatlichen Abbuchungen per Dauerauftrag sowie das Konto, auf dem sich die Ersparnisse ansammeln, sind erst einmal unantastbar. Betrachten Sie diese Ansparungen wie eine »heilige Kuh«.

10 Prozent? Das hört sich vielleicht im ersten Moment nach gar nicht so viel an. Vielleicht denken Sie, das kann doch nicht so schwer sein. Doch aufgepasst, 10 Prozent vom Bruttolohn können einen

ganz beachtlichen Einschnitt in Ihrem Haushaltsbudget ausmachen. Veranschaulichen wir uns dies an zwei Beispielen:

Ein Angestellter verdient 2300 Euro brutto im Monat. Je nach Steuerklasse und nach Abzug der Sozialabgaben wird ihm ein Betrag von etwa 1600 Euro netto gutgeschrieben. Wenn er nun 10 Prozent vom Bruttolohn einbehält, also monatlich 230 Euro, dann verbleiben ihm netto 1380 Euro statt 1600 Euro.

Analog bei einem Besserverdiener: Sein Bruttolohn beträgt 5000 Euro monatlich, die Nettoauszahlung etwa 3100 Euro. Mit der 10-prozentigen Dauerüberweisung in Höhe von 500 Euro im Monat reduziert sich sein disponibles Einkommen von 3100 Euro auf nur noch 2600 Euro.

Der ganze Trick besteht darin, sich im Konsum zu disziplinieren und sich an das tiefere Monatseinkommen zu gewöhnen. Gehen Sie also bei Ihrer Haushaltsführung immer von dem gekürzten Betrag aus. Ist der Schritt erst einmal getan, dann haben Sie es geschafft. Ab jetzt bleiben Sie bei dieser Methodik der 10-Prozent-Abschöpfung zugunsten Ihres Geldsammelkontos.

Das automatische Sparen werden Sie überhaupt nicht bemerken. Ist der Dauerauftrag eingerichtet, erfordert der Sparvorgang keinerlei weitere Arbeit und bereitet Ihnen auch keine Mühe. Wenn Sie Ihr Ausgabeverhalten erst einmal auf das um 10 Prozent reduzierte Monatsbudget eingestellt haben, dann werden Sie die Einschränkung im Konsum nicht mehr verspüren.

Ideal ist es natürlich, wenn Sie gleich zum Berufsstart bei Ihrem ersten richtigen Job diese Methodik anwenden. Eventuell können Sie sich deswegen zunächst nur eine kleinere Wohnung leisten. Aber der Schritt lohnt sich: Sie haben den Weg zu einer aussichtsreichen Vermögensbildung eingeschlagen.

Bei jeder Gehaltserhöhung passen Sie dann Ihren Dauerauftrag an. Bleiben Sie immer bei der Abführung von 10 Prozent Ihres Bruttolohns. Nach oben hin gibt es keine Grenzen. Sollte es mit Ihrer Karriere beispielsweise steil bergauf gehen und Sie eines Tages als Vorstandsvorsitzender ein Monatseinkommen in Höhe von 40 000 Euro beziehen, dann lassen Sie sich 4000 Euro monatlich abbuchen.

Erhalten Sie zusätzlich noch eine variable Erfolgsvergütung, die einmal jährlich ausgezahlt wird, dann gilt ebenfalls die 10-Prozent-Regel. Zur Veranschaulichung: Bei einer Gratifikation in Höhe von 280 000 Euro übertragen Sie 28 000 Euro auf Ihr Sparsammelkonto. Das geht nicht per Dauerauftrag. In diesem Fall veranlassen Sie eine Einmalüberweisung bei Ihrer Bank. – Ganz gleich, wie lange Sie schon im Beruf tätig sind, es ist nie zu spät für Sie, die 10-Prozent-Brutto-Regel umgehend anzuwenden. Ein Telefonanruf bei Ihrer Bank genügt.

Noch einmal: Es hört sich simpel an. Ich kann aber gar nicht genug betonen, welch große Bedeutung dieser 10-Prozent-Sparsystematik zukommt. Es ist völlig illusorisch zu glauben, dass Ihnen das Sparen ad hoc – sporadisch, mal so zwischendurch – im Laufe des Lebens gelingen wird. Wer sich vornimmt »Da schaue ich mal am Jahresende, was wir an Geld so übrig haben«, der wird sich mit hoher Wahrscheinlichkeit schwertun, finanzielle Rücklagen zu bilden.

Es ist nun einmal so: Landet Ihr gesamtes (ungekürztes) Nettomonatseinkommen erst einmal auf Ihrem laufenden Bankkonto, wird es auch schnell ausgegeben. Die Versuchungen des täglichen Lebens sind zu groß. Nicht umsonst geben die Konzerne Milliarden für Marketing und Werbung aus.

Mit der Anwendung dieser einfachen 10-Prozent-Methodik können Sie es fast nicht verhindern, einen beachtlichen Kapitalstock in Ihrem Leben aufzubauen. Voraussetzung sind natürlich zwei Punkte: zum einen, dass Sie ein Leben lang ein Einkommen beziehen, zum anderen, dass Sie Ihr Ansparmodell eisern durchhalten, komme, was wolle. Ich kann Ihnen versichern: Dies wird wahrscheinlich eine der größten Herausforderungen für Sie.

2. Die Grundsatzentscheidung: selber oder mit Berater?

Nun werden Sie fragen, was mit dem gesparten Geld anzufangen ist. Das ist ganz einfach: Zunächst lassen Sie die Beträge auf dem Sammelkonto auflaufen und machen sich keine Sorgen. Während dieser Zeit beginnen Sie, sich mit dem Thema Geld ein wenig vertraut zu machen. Hier gehen Sie bitte schrittweise vor:

Statt nur Romane zu lesen, Fernsehen zu schauen oder anderen Freizeitaktivitäten nachzugehen, nehmen Sie zwischendurch ein Finanzbuch in die Hand. Falls Sie ein visueller Typ sind, schauen Sie sich Videobeiträge zu Finanzthemen an. Wenn Sie eher auditiv veranlagt sind, suchen Sie nach guten Podcasts oder Hörbüchern.

Sie werden sehr schnell merken, ob Ihnen das Finanzumfeld im weitesten Sinne zusagt und Sie dafür ein Gespür entwickeln. Sie sollen sich ja zu nichts zwingen. Vielleicht fehlt Ihnen ja auch schlicht und einfach die Zeit. Ganz egal, das ist völlig in Ordnung.

Sie werden also eines Tages entscheiden müssen, ob Sie sich selbst um Ihre Finanzanlagen kümmern oder ob Sie einen Berater zurate ziehen wollen.

Wenn Sie Ihr Finanzmanagement selbst übernehmen, dann heißt es in der Konsequenz, sich weiterzubilden, konstant am Ball zu bleiben und aus Fehlern zu lernen. Dieser Weg steht jedem von Ihnen offen. Das Metier lässt sich erlernen. Sie müssen jedoch viel Geduld und Stehvermögen aufbringen. Und noch ein wichtiger Punkt: Ohne Freude an dem Thema werden Sie das wahrscheinlich nicht durchhalten.

Die Alternative heißt, sich an eine Beraterin oder an einen Berater zu wenden. Hier machen viele Investoren und Sparer grobe Fehler. Bei der Auswahl eines Helfers in Finanzangelegenheiten wird vieles dem Zufall überlassen. Man vertraut beispielsweise dem Hinweis eines Bekannten, man spricht jemanden im Tennisclub an, von dem es heißt, »Der kennt sich gut mit Gelddingen aus«, oder man macht einen Termin bei der lokalen Bankfiliale vor Ort. – Ihr Geld und künftiges Kapital sind viel zu wichtig, als dass ich Ihnen ein vom Zufall abhängiges Vorgehen empfehlen würde.

Mein Vorschlag für all diejenigen, die eine vertrauenswürdige Beratung suchen, lautet: Investieren Sie zwei bis drei Jahre in einen

Auswahlprozess. Lernen Sie verschiedene Berater kennen. Machen Sie – ohne Hetze über das Jahr verteilt – Termine. Fahren Sie zu den Beratern. Erleben Sie diese vor Ort in ihrem jeweiligen Büroambiente. Stellen Sie allen immer die gleichen Fragen. Sie werden sehr bald ein Gespür für die qualitativen Unterschiede entwickeln.

Dazu ist es aber nötig, dass Sie Ihren Radius erweitern – zum einen geografisch. Verlassen Sie sich nicht auf die Expertise in Ihrem Heimatort. Vergleichen Sie, wie beispielsweise ein Berater in Hamburg, Frankfurt, München oder in der Provinz (das ist nicht abwertend gemeint) mit Ihrem Anliegen umgehen würde. Vielleicht lohnt sich ja auch einmal ein Termin jenseits der Landesgrenze? Sie können dies mit einer Freizeitreise oder mit einem Geschäftstermin verbinden. Vieles lässt sich effizient organisieren. In manchen Städten können Sie an einem Tag gleich drei Termine auf einmal vereinbaren.

Zum anderen sollten Sie verschiedene Kategorien von Beratern kennenlernen. Vergleichen Sie diese. Das Spektrum reicht von

- Bankberatern und
- freien Vermögensverwaltern über
- Finanzberater, die einer Vertriebsorganisation angeschlossen sind,
- unabhängigen »Einzelkämpfern« und
- dynamischen Jung-Profis bis hin zu
- abgeklärten »alten Hasen«.

Ihr Fahrplan sollte folgendermaßen aussehen: Über einen Zeitraum von zwei bis drei Jahren lassen Sie Ihr Kapital mit der beschriebenen 10-Prozent-Methode in Ruhe anwachsen. Parallel nutzen Sie die Zeit, um die Beraterszene zu sichten. Nach meiner Erfahrung sollten Sie mindestens zwölf Termine absolviert haben, bevor Sie sich für einen bestimmten Berater entscheiden. Nach einer solchen »Kennenlern-Tour« werden Sie in der Lage sein, sich mit gutem Gewissen auf Ihr Bauchgefühl zu verlassen.

Fazit: Ob Sie selbst auf der Kommandobrücke bei der Steuerung Ihres Vermögens stehen oder mit einem Berater an der Seite in See stechen wollen, die Fahrt wird sich lohnen. Es erfordert lediglich Ihren festen Entschluss und Ihre Bereitschaft, Zeit zu investieren und sich mit wachem Verstand dem Thema zu widmen.

3. Rund ums Geld – eine kleine Haushaltsfibel

Ich möchte Ihnen nun einige Tipps für den täglichen Umgang mit Geld, Zahlungen und Schulden geben. Es ist natürlich schwer, allgemeine Ratschläge zu erteilen, wo Sie doch alle in völlig unterschiedlichen Verhältnissen leben. Ein Landwirt oder Adeliger mit umfangreichem Grundbesitz in dritter Generation hat andere Finanzprioritäten als beispielweise ein junger Elektromeister, der gerade am Anfang seiner Selbstständigkeit steht. Beamte und Angestellte im öffentlichen Dienst haben in der Regel eine eigene Sicht auf Finanzielles. Ein Facharbeiter, der sich um die Sicherheit seines Arbeitsplatzes sorgt, ist mit anderen Geldproblemen konfrontiert als ein Top-Manager, der durch einen Drei-Jahres-Arbeitsvertrag abgesichert ist.

Dennoch bin ich davon überzeugt, dass es eine Reihe von einfachen Regeln gibt, die Ihnen helfen werden, finanziell besser über die Runden zu kommen. Dies sind keine akademisch abgeleiteten Theorien. Die Empfehlungen, die ich Ihnen ans Herz legen möchte, beruhen auf meinen eigenen langjährigen Erfahrungen. Aus meiner Sicht haben sich diese bewährt. Mit dem einen oder anderen Hinweis fällt es Ihnen eventuell leichter, finanzielle Klippen zu umschiffen.

Das heißt natürlich nicht, dass Sie die nachfolgenden Punkte sofort eins zu eins in Ihr Leben integrieren müssen. Betrachten Sie meine Empfehlungen eher wie einen anzustrebenden Zielkorridor. Sie werden selbst am besten wissen, wann der richtige Zeitpunkt gekommen ist, bestimmte Aspekte zu berücksichtigen beziehungsweise zu adaptieren.

Hier nun eine kleine Auswahl für Sie:

– **Bargeld und Bankguthaben**
  - Bauen Sie im Laufe der Zeit ein Cash-Polster auf. Ideal wäre ein Bankguthaben, das etwa sechs Monate lang Ihre laufenden Kosten (Essen, Krankenkasse, Wohnen etc.) abdeckt.
  - Bewahren Sie zusätzlich Barmittel für ein Drei-Monats-Haushaltsbudget daheim auf. Trotz des Vormarschs des bargeldlosen Zeitalters ist es beruhigend, genug Bargeld im Haus zu haben. Bankautomaten können auch einmal ausfallen ...

- Schaffen Sie sich nach Möglichkeit einen Tresor an. Er ist nicht so teuer, wie Sie vielleicht denken. Ein Tresor ist eine Anschaffung fürs Leben und auch gut für die Verwahrung von anderen Wertsachen sowie Dateien, Akten und Dokumenten zu gebrauchen.
  (Dazu ein kleiner Tipp zu Ihrer Sicherheit: Bestellen Sie Ihren Tresor nicht unter der gleichen Adresse, an der Ihr Tresor später aufgestellt werden soll. Benutzen Sie lieber die Adresse eines Verwandten oder Ihres Büros bei der Bestellung und organisieren von dort dann den Transport in Ihre privaten Kellerräume. Man weiß ja nie ...)
- Sehr vermögenden Menschen ist anzuraten, eine größere Geldreserve zu halten: etwa drei Jahre Haushaltskosten, hinterlegt auf einem Bankkonto. Natürlich tut es weh, das schöne Geld zinslos auf der Bank herumliegen zu lassen. Sie sollten aber generell nicht jeden Cent Ihres Vermögens »vergewaltigen«.
  Ihre Absicherung steht für mich bei dieser Überlegung erst einmal im Vordergrund. Denn Sie sollten zu keinem Zeitpunkt gezwungen sein, Vermögenswerte veräußern zu müssen. Mit einem Drei-Jahres-Geldpolster können Sie ohne Nervenstress einer Krise entgegensehen.
  Wenn Sie beispielsweise Ihren hochdotierten Job verlieren, verhandelt es sich beim Headhunter mit einer Finanzrücklage entspannter. Oder was nützt Ihnen als Unternehmer ein noch so großes Firmenvermögen, wenn bei einer geschäftlichen Schieflage gleich auch Ihr gesamtes Privatleben in Mitleidenschaft gezogen wird? Mit einer umfangreichen Privatgeldreserve lässt sich das verhindern.

– **Rechnungen und Zahlungsverkehr**
Achten Sie auf Ihren Zahlungsverkehr. Hier haben wir es mit einem wichtigen Thema zu tun. Es ist nämlich ganz einfach, ohne Probleme durch ein langes Leben zu kommen: Sie müssen immer rechtzeitig Ihre Rechnungen bezahlen! Dazu ein paar recht simple, aber effektive Überlegungen:

- Wenn Sie nicht gut organisiert sind und dazu neigen, auf Ihrem Schreibtisch schnell den Überblick zu verlieren, dann sammeln Sie Ihre Rechnungen beispielsweise in einem Korb oder Ähnlichem.

- Zahlen Sie Ihre Rechnungen zügig, aber nicht jedes Mal gleich an dem Tag, an dem diese bei Ihnen im Postfach landen. Wählen Sie stattdessen lieber zwei feste Termine im Monat, an denen Sie die Überweisungen in einem Schwung hinter sich bringen.
  Doch aufgepasst: Bei Ihren Handwerkerrechnungen würde ich das anders halten. Diese würde ich sofort nach Erhalt bezahlen. Bei vielen Handwerksbetrieben ist das Geld traditionell knapp. In den kleineren Firmen wird die Buchhaltung häufig von der Ehefrau gemanagt. Sie kennt ihre Kunden ganz genau. Sie hasst es, Überweisungen anzumahnen und den Geldern hinterherzutelefonieren. Umso mehr stehen bei der Gattin des Handwerkmeisters die »Sofortzahler« hoch im Kurs.
  Wenn nun eines Tages bei Ihnen zu Hause ein entsprechendes Problem auftritt und etwas mit höchster Dringlichkeit zu reparieren ist, dann rufen Sie nicht den Handwerksmeister an, sondern seine Frau! – Ich kann Ihnen versichern, sie wird alles daransetzen, ihrem Gatten Beine zu machen.
  Übrigens: Ähnlich würde ich es auch bei Zahnarztrechnungen halten (falls Sie ein Privatpatient sind). In guten Zahnarztpraxen werden Zahlungseingänge hinter den Kulissen peinlichst genau registriert. Seien Sie also gescheit und denken Sie an Ihre nächsten Zahnschmerzen. Auch hier werden Sie sich mit dem Renommee eines Sofortzahlers besserstellen.
- Auch wenn Sie geschäftlich ein großes Rad drehen und über ein Finanzimperium herrschen sollten, machen Sie Ihren Zahlungsverkehr zur Chefsache. Ich würde Überweisungen – ab einer bestimmten Summe – niemals und unter keinen Umständen aus der Hand geben. Buchhalter und Mitarbeiter des Rechnungswesens haben die Aufgabe, Ihnen Zahlungen termingerecht vorzulegen. Das Okay für den eigentlichen Zahlungsvorgang geben aber Sie!
  Sie halten mich für altmodisch und kleinkariert? Sie würden sich wundern, wie viele prominente Millionäre plötzlich mittellos dastanden, nur weil sie diesem Ratschlag keinen Glauben geschenkt haben. Im blinden Vertrauen auf langjährig »loyale« Mitarbeiter sind sie Opfer von Unterschlagungen,

Schlamperei und Betrug geworden. Und all dies nur, weil sie es für unnötig befunden haben, sich um so einen »Kleinkram« wie Überweisungen zu kümmern. Mit der naiven Einstellung »Dafür habe ich doch meine Leute« sind sie auf dem Holzweg gelandet.

Im Geschäftsleben führt nun einmal kein Weg am Geld vorbei. Egal, in welchem Metier Sie tätig sind, alles dreht sich letzten Endes ums Geld. Auch wenn es sich seltsam anhören mag, empfehle ich Ihnen meine eiserne Regel: Lassen Sie an Ihr Geld keinen anderen Menschen ran. Niemals und zu keiner Zeit!

- Noch ein Gedanke. Lassen Sie nicht zu viele Rechnungen aus Bequemlichkeit per Lastschriftverfahren abbuchen. Sie verlieren leicht den Überblick über Ihre Geldabgänge. Es macht zwar mehr Arbeit, aber mit den Überweisungen haben Sie immer die letzte Kontrollmöglichkeit.
- Einen weiteren wichtigen Punkt darf ich nicht vergessen zu erwähnen. Er betrifft größere Anschaffungen. Sobald Sie eine Zahlungsverpflichtung eingegangen sind, halten Sie unbedingt den erforderlichen Geldbetrag bereit. Ziehen Sie in gar keinem Fall einen »Wechsel auf die Zukunft«. Wenn Sie beispielsweise den Kauf eines Ferienhauses vereinbaren oder die Bestellung für einen Sportwagen aufgeben, dann vergehen oft mehrere Monate bis zur endgültigen Zahlung und Übergabe. Sollten Sie sich in einer solchen Situation befinden, dann legen Sie die vereinbarte Zahlungssumme sofort zur Seite.

  Sie meinen, dass dies doch selbstverständlich sei und generell so gehandhabt wird? Keineswegs. Die Versuchungen liegen am Wegesrand. Ich habe es miterlebt, wie ein Hauskäufer als oberschlauer Investor sein Geld in der verbleibenden Zeit für Börsenspekulationen eingesetzt hat, um sein Kapital bis zum Zeitpunkt der Vertragsabwicklung zu vermehren. Kurz vor dem Zahlungstermin brach die Börse ein. Seine Investments verloren erheblich an Wert. Der betroffene Investor musste daraufhin für den Hauskauf ein deutlich höheres Darlehen aufnehmen mit dem Resultat, dass er ganze 15 Jahre länger brauchte, um seine Hypothekenschulden abzuzahlen.

- Ähnlich liegt der Fall, wenn Sie eine in Aussicht gestellte Sondervergütung in Ihre Kalkulation vorab miteinbeziehen. Erst wenn das Geld auf Ihrem Bankkonto gutgeschrieben wurde, ist es auch Ihres. Vorher handelt es sich lediglich um eine Zusage oder ein Versprechen. Im letzten Moment kann noch einiges schiefgehen. Sie sollten also eine Zahlungsverpflichtung erst nach dem Zeitpunkt der Gutschrift auf Ihrem Konto eingehen. Vorher bitte nicht!
- Aber auch bei geringfügigen Beträgen lohnt es sich, einmal hinzuschauen: Haben Sie bitte Respekt auch vor kleinen Zahlen. Halten Sie Kostendisziplin. Mit der Bemerkung »Ach, das sind doch nur 8 Euro im Monat! Das können wir uns leisten«, kommt im Laufe der Zeit ein ganzer Wust an Ausgaben auf Sie zu.
  Ich habe mir angewöhnt, grundsätzlich alle Ausgaben erst einmal auf zehn Jahre hochzurechnen, bevor ich einer »kleinen« Dauerverpflichtung zustimme; beispielsweise bei Abonnements oder Zusatzversicherungen aller Art.
  Rechnen wir kurz zwei Beispiele durch: 8 Euro im Monat, das ergibt 96 Euro im Jahr und summiert sich auf 960 Euro in zehn Jahren. Entsprechend führt eine regelmäßige Monatsausgabe von 200 Euro zu einer Gesamtausgabe in Höhe von 24 000 Euro in zehn Jahren!
  Sie sehen, so bekommen Sie ein besseres Gefühl für die Wertigkeit einer Zahlungsverpflichtung. Gehen Sie doch einmal Ihren Kostenkatalog durch. Mal sehen, was sich da so angesammelt hat.

4. Meiden Sie Schulden wie die Pest

Schulden einzugehen und am Ende gar samt Zinseszinsen auf einem Schuldenberg zu sitzen, ist keine gute Sache. Natürlich haben Bankkredite ihre Berechtigung bei

- Geschäftsleuten und Unternehmern, die beispielsweise damit Maschinen oder Warenbestände finanzieren, um ihr Business besser betreiben zu können.
- der langfristigen Finanzierung von Praxiseinrichtungen im medizinischen Sektor und bei ähnlich gelagerten Fällen einer Existenzgründung.
- einer Immobilienfinanzierung. Achten Sie aber auf eine ausgewogene Relation von Eigenkapitalanteil zu Fremdkapital. Lassen Sie sich angesichts verlockend niedriger Kreditzinsen nicht dazu hinreißen, zu viel für eine Immobilie zu zahlen. Bürden Sie sich keinen zu großen Immobilienkredit auf.

In allen anderen Fällen, wie zum Beispiel für Ausgaben des täglichen Konsums, für Urlaubsreisen oder für Mobiliar, sollten Schulden für Sie ein Tabu sein. Sie geraten sonst in eine gefährliche Abhängigkeit, und obendrein arbeiten die Kreditzinsen gegen Sie.

Sinn und Zweck Ihrer Vermögensbildung ist es doch, eine Unabhängigkeit im Laufe Ihres Lebens zu erreichen. Mit finanziellen Rücklagen können Sie sich einen gewissen Grad an Dispositionsfreiheit ermöglichen. Gleichzeitig wappnen Sie sich gegen Rückschläge beruflicher und privater Natur. Mit Bankschulden erreichen Sie dies nicht.

Der Weg in die Verschuldung bewirkt das genaue Gegenteil. Sollte Ihnen beispielsweise etwas zustoßen oder Ihre finanzielle Situation verschlechtert sich, so werden Sie mit Sicherheit zum Rapport bei Ihrem Kreditgeber einbestellt.

Allein schon ein solcher Gedanke würde mir gegen den Strich gehen. Ich stelle mir vor, wie das Telefon klingelt: »Guten Tag, hier spricht Ihr Bankdirektor. Kommen Sie doch morgen um elf Uhr bei uns vorbei. Wir müssen dringend reden. Machen Sie sich schon einmal Gedanken, wie es weitergehen soll. Ich sage nur eines: Die Situation ist ernst. Wir sehen uns also morgen. Seien Sie bitte pünktlich, ich bin zeitlich sehr eingespannt.« Ja, so läuft dann typischerweise ein Gespräch, wenn es mit Ihrem Kredit problematisch wird. Zu dem Termin werden Sie auch antreten müssen, ob es Ihnen passt oder nicht.

Im Alter ist es doppelt gefährlich, in der Kreide bei den Bankern zu stehen. In der Blüte Ihrer Jahre besitzen Sie vielleicht ein gutes Verhandlungsgeschick. Sie sind ein interessanter Kunde. Man begegnet Ihnen aufgrund Ihrer Geschäfte und Kontakte mit Respekt. Sie genießen ein gutes Renommee bei Ihrer kreditgebenden Bank.

Doch die Zeit vergeht, und eines schönen Tages, wer hätte das je gedacht, sind Sie 81 Jahre alt. In der Bank kennt Sie dann aus der guten alten Zeit keiner mehr. Niemand hat Sie dort als den einstigen »großen Zampano« in Erinnerung. Ihnen wird ein Bankmitarbeiter gegenübersitzen, der vom Alter her vielleicht Ihr Enkel sein könnte. Er wird mit einem anderen Jargon sprechen und Ihnen unter Umständen wenig Respekt entgegenbringen, denn Sie sind kein interessanter Kunde mehr. Wehe dem, der dann seine Schulden nicht auf einen Schlag zurückzahlen kann!

Es verhält sich doch so: Wer keine Schulden hat, kann tun und lassen, was er will. Er ist niemandem Rechenschaft schuldig. Wenn er Pech hat oder sich ungeschickt anstellt, kann er zwar verarmen, aber im Gegensatz zum Schuldner kann er nicht bankrottgehen. Widerstehen Sie also den Verlockungen des Konsums: Keine Anschaffungen auf Kredit! Ausgaben sind erst dann zu tätigen, wenn Ihnen das Geld auch zur Verfügung steht.

Vielen Menschen fällt diese Art der Zurückhaltung sehr schwer. Als Hilfestellung ein paar Vorschläge:

Lebensstandard

Gewöhnen Sie sich an den Lebensstandard, der exakt auf Ihre jeweiligen Einkommensverhältnisse abgestimmt ist. Wenn es mit Ihrem Verdienst dann bergauf geht, versuchen Sie, Ihre ursprünglichen Lebensverhältnisse zunächst beizubehalten. Ziehen Sie nicht gleich in ein teureres Wohnviertel um, nur weil Sie zum Abteilungsleiter befördert worden sind.

Entwickeln sich die Dinge jedoch zu Ihrem Nachteil, zum Beispiel nach einer Scheidung, dann passen Sie Ihr Ausgabenbudget sofort nach unten an. Wahrscheinlich werden Sie Opfer bringen müssen. Ziehen Sie diese schmerzhaften Einschnitte möglichst umgehend durch. Suchen Sie beispielsweise nach einer günstigeren Wohnung oder nehmen Sie einen Untermieter in Ihrer Wohnung auf. Andernfalls wird die finanzielle Situation mit hoher Wahrscheinlichkeit immer schlechter für Sie. Trauern Sie nicht den alten Wohlstandszeiten nach. Tempi passati.

Zum Thema Lebensstandard kommt mir noch ein weiterer Gedanke: Wenn es sich partout nicht vermeiden lässt, dass Sie sich wegen extraordinärem Erfolg mehr und mehr Wohlstand leisten können, dann achten Sie bitte auf den Faktor »Folgekosten«. Nicht immer ist es mit der bloßen Anschaffung eines Luxusgutes getan.

Hierzu ist mir ein Gespräch bei einer Vermögensbeiratssitzung in Erinnerung geblieben. Einer der Vermögensinhaber hatte sich nach dem Verkauf seiner Firma den Traum einer Weltumsegelung verwirklicht. Zu diesem Zweck hatte er einen hochseetüchtigen Motorsegler zum Preis von etwa 12 Millionen Euro erworben.

Als er auf seiner langen Reise in Neuseeland ankam, war eine routinemäßige Wartung des Schiffes fällig. Recht aufgelöst rief er von dort aus an: »Stellen Sie sich vor, Herr Elsässer, die wollen hier auf der Werft für die Inspektion doch glatt 120 000 Euro von mir. Das ist doch ungeheuerlich. Was sagen Sie dazu?« Im ersten Moment war ich entsetzt. So ein hoher Betrag. Doch dann konnte ich ihm klarmachen, dass er damit noch günstig bedient war. Denn die Rechnungssumme von 120 000 Euro entsprach gerade einmal einem Prozent des Gegenwertes seines Schiffes. Und das war ein völlig nachvollziehbarer Tarif. Wenn Sie beispielsweise 110 000 Euro für ein Automobil ausgeben, dann wird Sie die Inspektion bestimmt mehr als ein Prozent kosten, also mehr als 1100 Euro.

Ob Sie sich eine einmalige Anschaffung leisten können, ist die eine Seite der Medaille. Ob Ihnen die Folgekosten Jahre später noch leichtfallen werden, ist die andere Seite.

Selbstschutz

Die Werbung für Bankkredite läuft an allen Ecken und Enden auf Hochtouren. Wenn Sie in geordneten Verhältnissen leben, offeriert Ihnen Ihre Bank gerne die Möglichkeit, das Bankkonto in einer bestimmten Höhe zu überziehen. »Das ist ja nur für den Fall der Fälle gedacht, falls einmal eine Sonderausgabe nötig sein sollte«, heißt es dann meist verlockend. Darüber hinaus ist es in der Regel gar nicht schwer, einen höheren Kreditrahmen auszuhandeln.

Seien Sie also ehrlich zu sich selbst: Wenn Sie sich mit dem Thema der Finanzdisziplin schwertun, dann schützen Sie sich besser vor sich selbst. Schreiben Sie der Bank einen Brief, in dem Sie darauf bestehen, dass Ihnen keinerlei Kreditmöglichkeiten gewährt werden. So können Sie sicherstellen, dass Ihnen nur Ihr tatsächliches Guthaben für Ihre Ausgaben zur Verfügung steht und darüber hinaus kein einziger Cent.

Notfalls im Briefumschlag

Sollten Sie zur Gruppe der »Konsumgefährdeten« gehören, denen das Geld permanent aus den Fingern rinnt, dann greifen Sie notfalls zu einer antiquierten Methode. Machen Sie einen Bogen um die Banken. Nehmen Sie einige Briefumschläge zur Hand und beschriften Sie diese: »mein neuer Jogginganzug / mein Sommerurlaub / mein neues Fahrrad«.

Legen Sie diese in eine Schreibtischschublade. Immer dann, wenn Sie zum Beispiel einen 5-Euro-Geldschein in Ihrem Portemonnaie haben, nehmen Sie diesen heraus und stecken ihn in einen der Umschläge. In einen anderen Umschlag kommen die 2-Euro-Münzen hinein und so weiter.

Mit Geduld und Ruhe werden Sie miterleben, wie die Mittel zur Finanzierung Ihrer Wünsche so langsam heranwachsen. Ist der Umschlag eines Tages mit der nötigen Summe gefüllt, dann dürfen Sie sich den Gegenstand mit Stolz und einem guten Gefühl kaufen.

Haben Sie keine Scheu, einen solch simplen und altmodischen Weg einzuschlagen. Halten Sie sich immer vor Augen: Die zunehmend bargeldlose, digitale Großfinanzszene, mit all den Kreditkarten und Verlockungen jeder Art, zielt darauf ab, Sie in eine finanzielle Abhängigkeit zu führen. Millionen Menschen sind so völlig unnötigerweise in eine schreckliche Verschuldung geraten.

Apropos Schulden: Die Kehrseite der Verschuldung ist das Verleihen von Geld. Auch hier möchte ich Sie sensibilisieren. Wenn Sie in einem gewissen Wohlstand leben, wird es sich nicht vermeiden lassen, dass Sie irgendwann einmal um finanzielle Hilfe angegangen werden. Typischerweise kommen solche Bittsteller aus dem Kreis Ihrer Freunde oder Familie.

Wenn es sich nicht gerade um einen tragischen Unglücksfall handelt, bei dem spontane Hilfe in der Tat angebracht ist, würde ich generell keine privaten Darlehen vergeben. Mitleid ist kein guter Ratgeber.

Fragen Sie sich in solchen Fällen immer: Ist das wirklich ein Darlehen, das mit hoher Wahrscheinlichkeit auch fristgerecht zurückgezahlt wird? Überlegen Sie gut, ob Sie willens sind, gegebenenfalls mit aller nötigen Härte die Rückzahlung durchzusetzen.

Wenn Ihnen da von vornherein Zweifel aufkommen, dann ist die Sachlage eine andere, als Sie ursprünglich dachten: Sie vergeben nämlich in Wirklichkeit gar kein Darlehen. Alles läuft darauf hinaus, dass Sie de facto eine Spende beziehungsweise ein Geschenk machen.

Aus meiner Erfahrung sind Sie in einem solchen Fall besser beraten, einen Geldbetrag in der Höhe zu »spenden«, den Sie auch verschmerzen können. Mit einem fragwürdigen Pseudo-Darlehensvertrag, der das Papier nicht wert ist, belasten Sie sonst nur ein gutes Einvernehmen oder die Freundschaft.

5. Fünf Punkte – Faustregeln für Kapitalanlagen

Wenn Sie in Ihrem Beruf auf der Erfolgsleiter angekommen sind und auch in Ihren privaten Finanzen dank Disziplin und Umsicht Fortschritte gemacht haben, dann ist es an der Zeit, sich mit den verschiedenen Formen der Kapitalanlagen zu beschäftigen.

Wie in den vorangegangenen Kapiteln beschrieben, ist als ein erster guter Schritt die Lektüre von leicht verständlichen Fachbüchern zu empfehlen. Danach können Sie sich entscheiden, ob Sie sich alleine auf den Weg in den Finanzdschungel machen oder ob Sie sich, nach gründlichem Research, an einen vertrauenswürdigen Berater wenden. Dies haben wir ja bereits näher besprochen.

Bevor Sie sich aber auf das Glatteis der Finanzarena wagen oder sich vom Fachchinesisch der Banker den Kopf verdrehen lassen, sollten Sie ganz grundsätzliche Überlegungen anstellen. Hierzu habe ich einen nüchternen Fünf-Punkte Katalog erstellt. Hier ein schneller Überblick für Sie:

- **Anleihen/Sparbücher/Festgelder**
  Festverzinsliche Anleihen, typischerweise mit einer Laufzeit von zehn Jahren und einem festen Jahreszins in Höhe von 3 bis 6 Prozent per annum, waren jahrzehntelang das Lieblingsinvestment der deutschen Anleger. Ähnlich verhielt es sich mit Sparbüchern und Festgeldern.
  Heute würde ich von Anleihen abraten, da die Zinseinkünfte bei Anleihen guter Bonität zu niedrig sind (wenn Sie nicht gar Negativzinsen zahlen müssen!).
  Dringend abraten würde ich Ihnen ebenfalls von Fremdwährungsanleihen fragwürdiger Bonität. Im Südafrikanischen Rand oder in Türkischer Lira beispielsweise werden Ihnen höhere Zinsen geboten. Der Zinsvorteil wird aber in der Regel durch Kursverluste aufseiten dieser traditionellen »Weichwährungen« zunichtegemacht.
  Abgesehen vom Zinsniveau sollten Sie sich auch die Frage stellen, wie es mit der 100-prozentigen Rückzahlung zur Fälligkeit der Anleihe aussieht. Nicht alle Schuldner können mit einer Erfolgsbilanz glänzen. Länder wie zum Beispiel Argentinien haben

bei ihren Staatsanleihen schon mehrfach die Rückzahlung ausgesetzt.

- **Aktien**

  Nun zum Thema »Aktie«. Auch wenn Sie es nicht gerne hören und ich Ihnen vielleicht Wasser in den Wein gießen muss, meine unverrückbare Empfehlung lautet: Sie müssen zwei Kriterien erfüllen, bevor Sie sich auf das Börsenparkett wagen.

  - Sie sollten an der Börse nur dann in Aktien investieren, wenn Sie auf den investierten Betrag mindestens drei Jahre lang nicht zugreifen müssen. Besser wäre noch ein Zeitraum von fünf Jahren. Alles andere wäre fahrlässig, denn die Bewertung, auch sehr guter Aktien, unterliegt großen Schwankungen.

    Zur Unzeit, mitten in einem Börsen-Crash, Aktien verkaufen zu müssen kann desaströse Folgen haben. Entsprechend verbietet sich erst recht ein Kauf von Aktien auf Kredit.
  - Der zweite Punkt betrifft Ihr Nervenkostüm. Bei Aktien gibt es jeden Tag einen Preis. Das nennt man den Börsenkurs. Dieser spiegelt nicht immer den wahren Wert der jeweiligen Aktiengesellschaft wider. Wenn die Kurse auf eine lang anhaltende Talfahrt gehen, kann das ungemütlich für Sie werden.

    In einem solchen Fall springen Ihnen nämlich Ihre wachsenden Verluste jeden Tag ins Gesicht; das kann Ihnen das Frühstück ganz schön vermiesen. Bei Immobilien und privaten Beteiligungen passiert Ihnen das nicht. Bei diesen gibt es ja keine Tagespreise. Daher sollten Sie nur dann in Aktien investieren, wenn Sie einen theoretischen Kursverlust von bis zu 80 Prozent psychologisch (und auch finanziell) verkraften können. Am besten spielen Sie einmal ein solches Horrorszenario durch.

    Die professionellen Langfristinvestoren sind darin geübt, nervenstark solche dunklen Börsenphasen auszusitzen. An diesen Investoren sollten Sie sich orientieren. Die Erfahrung lehrt: Schönwettersegler halten es an der Börse mit Aktienengagements nicht lange aus.

    (Interessenten zu diesem Themenkomplex möchte ich nochmals die Lektüre meines Büchleins *Des klugen Investors Handbuch* sehr ans Herz legen.)

– **Private Beteiligungen**
Das Spektrum der Anlagemöglichkeiten bei privaten Beteiligungen ist groß und reicht von sogenannten Private-Equity-Fonds bis hin zu GmbH- oder KG-Beteiligungen und vielen anderen Formen von Privatkapitalanlagen. Manchmal spielt auf diesem Gebiet auch der Zufall eine Rolle: Vielleicht bietet Ihnen eines Tages ein Schulfreund eine stille Beteiligung an seinem Gewerbebetrieb an. Wenn Sie sich auf die Suche machen, dann wird sich Ihnen nach einer gewissen Zeit ein ganzes Universum an Anlagemöglichkeiten bieten.
Bevor Sie sich finanziell engagieren und sich unter Umständen von glänzenden Geschäftsaussichten zu sehr faszinieren lassen, gilt es auch hier zwei grundsätzliche Überlegungen zu beachten:
- Erstens: Im Gegensatz zu Aktieninvestments werden Sie sich als privat Beteiligter mit Menschen auseinanderzusetzen haben. Sie sitzen immer mit jemandem in einem Boot, entweder in einem kleinen Gesellschafterkreis oder in einer größeren Runde von Mitinvestoren. In dieser Konstellation müssen Sie darauf gefasst sein, dass Sie allen Schattierungen der menschlichen Psyche begegnen werden.
  Meistens verläuft es nach folgendem Schema: Bei außerordentlich gutem Geschäftsverlauf ist die Geschäftsführung ab einem bestimmten Punkt darüber verärgert, dass die Geldgeber so viel an dem Investment verdienen nach dem Motto: »Die Gesellschafter tun doch nichts, haben nur Geld gegeben, während unserer harten Arbeit der Erfolg zu verdanken ist.« Der Kampf um das größte Kuchenstück beginnt.
  Umgekehrt: Laufen die Geschäfte miserabel, kommt schnell Missmut auf. Unter den Investoren fängt es an zu knistern, da man sich zusehends über die weitere Geschäftsstrategie uneins wird:
  a. Soll man den Geschäftsführer entlassen?
  b. Ist es an der Zeit, das Kapital zu erhöhen?
  c. Oder sollte man den ganzen Laden eher verkleinern und sich aus bestimmten Geschäftsfeldern zurückziehen?
  So oder so, Sie sind auf Gedeih und Verderb Ihren Mitgesellschaftern oder dem alleinig aktiven Gesellschafter ausgeliefert.

Manche Menschen lieben es, sich mit anderen zu reiben. Andere wiederum sind eher Harmoniemenschen und können persönliche Auseinandersetzungen nicht gut ertragen. – Überlegen Sie also genau, worauf Sie sich da einlassen, wenn Ihnen verlockende Investmentangebote präsentiert werden.

- Zweitens: Hier handelt es sich um einen Aspekt, der in der ersten Investmenteuphorie nur selten angesprochen wird: Wie kommen Sie eigentlich eines Tages wieder an Ihr Geld? Bei den meisten privaten Investments wie Private-Equity-Fonds, GmbH-Beteiligungen oder stillen Finanzierungen bleibt die Beantwortung dieser nicht ganz unwichtigen Frage offen.

  Es gibt ja für diese Art von Beteiligungen keinen täglichen Handel wie bei den Aktien. Es kann also eines Tages schwierig werden, wenn Sie beispielsweise zur Begleichung einer Erbschaftsteuerzahlung an Ihr Geld ranmüssen.

  Mein abgeklärter Freund Samuel aus der Antwerpener Diamantenszene äußerte sich mir gegenüber zu diesem Thema: »Wenn du Geld auf deinem Konto hast und du investierst es bei jemand anderem, dann ist dein Geld erst mal weg – wahrscheinlich für immer!«

  Den gleichen Tenor habe ich in dem englischen Satiremagazin *Punch* gefunden. In einer Karikatur aus dem Jahr 1923 sitzen sich ein mürrisch dreinblickender Vater und sein erwachsener Sohn in einem Bahnabteil gegenüber. Der Sohn hat eine Zeitung aufgeschlagen. Er studiert die Kleinanzeigen. Da fällt ihm ein Inserat auf. »Vater, hör mal, was ich da gerade gefunden habe. Hier bietet eine Firma demjenigen eine lebenslange Stellung an, der 100 Pfund investiert. Vater, was wird das wohl für eine Beschäftigung sein?« Der Vater antwortet missmutig: »Ein Leben lang damit beschäftigt zu sein, die 100 Pfund zurückzubekommen!«

– **Gold**

  Investments in Gold sind keine Alternative zu Aktien oder Beteiligungen. Das Edelmetall ist für mich ein Ersatz für Papiergeld und Bankguthaben; aber nicht als ein Zahlungsmittel, denn der Preis von Gold schwankt. Ich sehe Gold als ein Wertaufbewahrungsinstrument, aber nur in sehr langfristiger Hinsicht.

Die Meinungen zu Gold gehen auseinander. Es ist wohl eine reine Ansichtssache.

- Die Anti-Gold-Fraktion sieht in Goldinvestments ein antiquiertes Relikt, das nicht mehr in die moderne Zeit passt. Gold wirft keinerlei Ertrag ab und ist unproduktiv. Die Preisentwicklung am Weltmarkt ist nur schwer nachzuvollziehen.
- Die Befürworter des gelben Metalls führen an, dass es kaum ein zweites Investmentvehikel gibt, das über Jahrhunderte immer einen Wert besaß.

  In der Tat, wenn einer meiner Vorfahren im Elsass vor Ausbruch der Französischen Revolution im Jahre 1789 zehn Kilogramm Gold im Garten vergraben hätte und wir würden heute diese Kiste ausgraben, dann käme ein beachtlicher Schatz zum Vorschein: Der Gegenwert würde etwa 500 000 Euro ausmachen (bei einem Unzenpreis von etwa 1700 US-Dollar).
- Gold hat zwei weitere Vorteile. Es geht nicht so leicht kaputt, anders als beispielsweise Porzellan oder Gemälde, und außerdem gibt es auf der ganzen Welt täglich eine Preisnotiz für die Feinunze Gold. Sie brauchen bei einem Verkauf also nie einen Preis auszuhandeln, wie das bei einigen anderen Metallen der Fall wäre.

Falls Sie sich für Gold interessieren, sollten Sie sich über die vielen verschiedenen Anlagemöglichkeiten kundig machen. Das Kaleidoskop reicht von antiken Sammlermünzen, modernen Münzen und Goldbarren verschiedener Größen und Prägung bis hin zu Goldzertifikaten.

Ähnlich verhält es sich mit der Frage der Aufbewahrung. Die unterschiedlichen Möglichkeiten reichen hier von Ihrem privaten Tresor über Bankschließfächer im In- und Ausland bis hin zu Depotverwahrungen. Es gibt also einiges zu bedenken, bevor Sie ein Goldinvestment tätigen.

In einer Hinsicht eignet sich Gold hervorragend: Es lässt sich leicht vererben. Einige Kilo Gold, in Form von Barren oder Unzen-Münzen, in einem Schließfach hinterlegt, sind ein unkompliziertes Erbe. Die Vorteile liegen auf der Hand. Ihre Nachfahren oder Begünstigten

- brauchen keinen Vermögensverwalter,
- müssen sich nicht mit Gesellschaftern herumschlagen,

- brauchen keinerlei Entscheidungen zu treffen,
- keinerlei Finanz-Know-how und
- haben keinen hohen Aufwand zu befürchten. Die Kosten sind gering. Die jährliche Schließfachgebühr ist minimal.

Es gibt beim Vererben von Gold einen weiteren Nebeneffekt. Dieser könnte unter Umständen im Sinne des Nachlassgebers sein. Ein Schließfach mit Gold als Erbe wird nicht so schnell ausgegeben wie der gleiche Gegenwert in bar auf einem Bankkonto. Die Hemmschwelle ist größer. – Aus diesem Grund habe ich in einem meiner Youtube-Videos auf provokante Weise postuliert: »Je dümmer die Erben, desto mehr Gold!«

– **Immobilien**

Wenn wir nun über Immobilien sprechen, dann müssen wir zwischen der selbst genutzten Wohnimmobilie und der Vermietungsimmobilie (für Zwecke der Geldanlage) unterscheiden.

- Für mich steht ein Ziel an allererster Stelle: Sehen Sie zu, dass Sie eines Tages unbelastet in Ihrer eigenen Immobilie wohnen. Fangen Sie deshalb möglichst früh mit dem Kauf einer Immobilie an. Wenn in Ihrem Beruf alles gut läuft, haben Sie es vielleicht schon nach 20 Jahren geschafft, die Finanzierungsdarlehen zu tilgen. Fortan leben Sie miet- und lastenfrei! Wenn Ihnen das gelingt, sind Sie einen großen Schritt in Richtung finanzieller Unabhängigkeit weitergekommen.
- Das ganze Gerede, Mieten sei doch viel billiger oder in der heutigen Zeit »angesagter«, ist großer Unfug. Schauen Sie, es ist doch ganz einfach: Reiche Menschen wohnen in der Regel nicht zur Miete, besitzen unbelastetes Eigentum und haben keine Privatschulden. Und da wollen Sie doch auch hinkommen!
- Verlieren Sie das Ziel eines lastenfreien Wohneigentums nie aus den Augen. Lassen Sie sich durch andere Investmentmöglichkeiten davon nicht abhalten.
- Sie werden sagen, an manchen Orten ist aber alles so teuer geworden. Dann ziehen Sie zum Start in ein weniger beliebtes Wohnviertel oder in eine renovierungsbedürftige Immobilie und hübschen diese im Laufe der Zeit auf. Es finden sich immer Wege und Mittel. Alles ist besser, als in Abhängigkeit von einem Vermieter lebenslänglich Miete zu zahlen.

- Auch bei den Vermietungsimmobilien sollten ganz grundsätzliche Gedanken am Anfang Ihrer Überlegungen stehen. Machen Sie sich Folgendes klar:
  a. Immobilienpreise und Mieteinnahmen steigen langfristig nur dann, wenn entweder mehr Menschen an diesen Ort ziehen oder die dort bereits ansässigen Einwohner in Zukunft mehr verdienen werden. Mit dieser einfachen Faustregel haben Sie schon ein gutes Kriterium an der Hand, wenn es um Immobilien-Standortentscheidungen geht.
  b. Wenn Sie vor der Wahl stehen, Teileigentum (Wohnungen) oder eine Immobilie auf eigenem Grund und Boden zu erwerben, dann investieren Sie bitte immer in eine Immobilie mit eigenem Grundstück. Nur so besitzen Sie die volle Verfügungsgewalt. Das ist ein unschätzbarer Vorteil. Denn es ist schon oft vorgekommen, dass auf lange Sicht das Gebäude an Wert verliert, der Grund und Boden aber immer wertvoller wird. In der Park Avenue von Manhattan sind die Top-Grundstücke mittlerweile bestimmt schon fünfmal neu bebaut worden.
  c. Investieren Sie nur an Standorten, die Ihnen vertraut sind. Die Kenntnis langfristiger städtebaulicher Maßnahmen und ein Gespür für die Trends und Verschiebungen innerhalb einer Stadt sind unerlässliche Voraussetzungen für einen besonnenen Immobilieninvestor.
  d. Ihr Immobilienimperium sollte in geografischer Nähe zu Ihrem Wohnsitz oder Arbeitsplatz liegen. Anders als vermutet reicht es nicht aus, Ihre Immobilien blind einem Verwalter zu überlassen. Clevere Investoren kümmern sich um ihre Immobilien. Wenn eine angebotene Vermietungsimmobilie zu weit weg liegt, dann lassen Sie lieber die Finger davon.
  e. Ein weiterer wichtiger Aspekt: der Mieter als Kunde! Wenn Sie nicht gerne mit Mietern, egal welcher Couleur, zu tun haben wollen, also beispielsweise bei jedem Telefonat zusammenzucken nach dem Motto »Was will der schon wieder«, dann sollten Sie sich gut überlegen, ob Sie im Immobiliensektor richtig aufgehoben sind.
  f. Denken Sie immer daran: Ein Mieter ist nichts anderes als ein Stammkunde in Ihrem Geschäft, der jeden Monat

> ungefragt erscheint und Ihnen beispielsweise 1200 Euro auf die Theke legt. Wenn Sie Glück haben, dies vielleicht sogar zehn Jahre lang. Das sind dann 144 000 Euro, die der Mieter/Kunde an Sie gezahlt hat.
> Nun frage ich Sie: Wie würden Sie diesen Stammkunden behandeln? Sicherlich würde er doch eine Weihnachtskarte von Ihnen erhalten und vielleicht sogar einen Geburtstagsgruß. Und wie handhaben Sie den Umgang mit Ihren Mietern?

Sie sehen also, am Anfang steht die gründliche Überprüfung der verschiedenen Kapitalanlagemöglichkeiten. Lassen Sie sich nichts andrehen. Das kann Ihnen leicht passieren, wenn Sie erst einmal in den Ruf kommen: »Der hat ganz schön viel Geld.« Um Honig kreisen Bienen nun einmal gerne. Wie sagte mir ein Vermögensverwalter neulich, als er einen reichen Erben erwähnte: »Wo so viel Geld ist, da muss man hin.«

Achten Sie immer darauf, dass Ihre Kapitalanlagen höchst private und individuelle Angelegenheiten bleiben. Ihre Investments sollten harmonisch auf Ihre speziellen Lebensverhältnisse und auf Ihre Persönlichkeit abgestimmt sein. Standardlösungen taugen in der Regel nichts.

Ein klein wenig Mühe in dieser Richtung lohnt sich. Mit der Lektüre des vorliegenden Buches haben Sie einen ersten guten Schritt getan. Weiter so!

Resümee – Ihr Kompass zum Erfolg

Wir kommen langsam zum Ende des Buches. Wenn Sie sich erinnern, haben wir im ersten Kapitel mit dem Thema »Für Ihren Erfolg ist es nie zu spät« begonnen. Daran glaube ich fest!

Ich hoffe, es ist mir gelungen, Ihnen Mut zu machen. Es wäre schön, wenn ich Ihnen einige nützliche Tipps und Einsichten an die Hand geben konnte, mit denen Sie gestärkt und voller Zuversicht zu neuen Ufern aufbrechen können.

Schließen wir also mit dem gleichen Tenor wie zu Anfang: »Für Ihren Erfolg ist es nie zu spät«. Ich möchte Ihnen abschließend deshalb meinen 10-Punkte-Erfolgskompass mit auf den Weg geben. Machen Sie ihn auch zu Ihrem Kompass!

Komprimiert und übersichtlich, nimmt er nicht viel Platz ein. Wenn Ihnen der Kompass gefällt, dann notieren Sie sich doch die Punkte oder machen sich davon einfach eine Kopie.

Ihr Kompass zum Erfolg

1. **Glauben Sie fest an sich**, egal wie es kommt, ganz gleich, wie übel man Ihnen auch mitspielt.
2. **Engagieren Sie sich aus vollem Herzen**, was immer Sie auch vorhaben.
3. **Gehen Sie die Dinge mit Passion an**, fahren Sie nicht mit angezogener Handbremse (Ihr Motto sollte lauten: *Find a job you love and you will never have to work a day in your life.*).
4. **Setzen Sie Ihre Ziele hoch an.** Wer 100 erreichen will, muss 200 anstreben.
5. **Seien Sie ehrlich und offen.** Teilen Sie großzügig Ihr Wissen. Schleppen Sie keine Geheimnisse mit sich herum.
6. **Versprechen Sie nur das, was Sie auch halten können.** Ein nicht gehaltenes Versprechen kann Ihren Ruf für immer ruinieren.
7. **Versuchen Sie nicht, Ihre Mitmenschen zu ändern.** Vielleicht können Sie ein klein wenig Einfluss auf andere nehmen, mehr aber nicht. Wenn Sie das einmal verstanden haben, werden Sie das Leben entspannter und von einer anderen Perspektive betrachten. – Sie selbst können sich aber ändern!
8. **Vermeiden Sie Missverständnisse.** Menschen nehmen Dinge ganz unterschiedlich wahr. Lassen Sie wichtige Punkte deshalb mehrfach wiederholen, damit Sie spätere Konflikte vermeiden.
9. **Verlieren Sie nie Ihren Optimismus.** Bleiben Sie positiv und pragmatisch mit einem scharfen Blick für die Realität. Benutzen Sie Ihren gesunden Menschenverstand.
10. **Versuchen Sie nicht, Ihre Mitmenschen zu beherrschen, sondern zu inspirieren.**

(Hinweis zu meinem 10-Punkte-Erfolgskompass: Mein Dank geht an den großen amerikanischen Unternehmer Robert Mondavi. Ihm verdanke ich eine Fülle von Weisheiten und Einsichten in die Kunst des Lebens. Leider war es mir nicht vergönnt, ihn zu seinen Lebzeiten persönlich kennenzulernen. Zur Lektüre empfehle ich: Robert Mondavi – **Harvest of Joy**, 1998.)

Schlusswort

Liebe Leserinnen, liebe Leser!

Wir sind am Ende des Buches angelangt. Schön, dass Sie sich die Zeit genommen haben, bis hierhin zu kommen. Ich hoffe, einige Hinweise und Anregungen sind auf Ihr Interesse gestoßen. Bei der Lektüre gab es aber auch sicherlich den einen oder anderen Punkt, der Ihnen momentan nicht so wichtig erscheinen mag. Doch gerade diese Punkte sollten Ihnen besonders am Herzen liegen. Orientieren Sie sich nicht am »Heute«, sondern am »Morgen«.

Die Erfahrung lehrt, dass das Schicksal so manche Überraschung bereithält. Das wird bei Ihnen auch so sein. Wer weiß, was das Leben für Sie noch in petto hat? In jedem Fall sind Sie nach der Lektüre um einiges besser vorbereitet, wenn es darum geht, die Chancen, die sich Ihnen bieten werden, beim Schopf zu ergreifen.

Bevor Sie das Buch aus der Hand legen, hier noch ein pragmatischer Hinweis zur weiteren Handhabung:

- Verwahren Sie Ihr Buchexemplar gut auf. Markieren Sie diejenigen Hinweise und Anregungen, die Sie heute schon anwenden können.
- Nach einem halben Jahr sollten Sie überprüfen, wie es mit Ihrer Erfolgsbilanz aussieht. Konnten Sie einige Anregungen tatsächlich umsetzen? Hat alles so funktioniert, wie Sie es sich gedacht haben?
- Bevor das Buch in Ihr Regal wandert, gehört also ein Sticker auf den Einband mit der Beschriftung: »Wiedervorlage in sechs Monaten, erneut zu lesen am ...«.
- Gedanken, mit denen Sie derzeit noch nichts anzufangen wissen, von denen Sie aber mit einer Art »Aha-Erlebnis« fasziniert sind, markieren Sie bitte ebenfalls, aber in einer anderen Farbe.

- Diesen Markierungen sollten Sie sich einmal pro Jahr kurz widmen. Sie werden erleben, wie sich im Zeitablauf Ihr Blickwinkel verändern wird.

Es ist mir ein wirkliches Anliegen, Ihnen, verehrte Leserinnen und Leser, von ganzem Herzen zu danken, dass Sie sich auf die Reise durch meine Berufs- und Erfahrungswelt gemacht haben.

Empfehlen Sie das Buch bitte weiter. Wir unabhängigen Denker haben keine Lobby und müssen uns gegenseitig unterstützen. Falls Sie Fragen haben, scheuen Sie sich bitte nicht, mich zu kontaktieren. Meine Adressdaten finden Sie im Kapitel »Über den Autor« am Ende des Buches. Ich stehe Ihnen natürlich auch bei konkreten Anliegen persönlich zur Verfügung.

Danken möchte ich meiner Assistentin, Frau Gaby Strausak, die mir mit großem Engagement bei Revisionen zur Seite gestanden hat.

Schließlich gilt mein großer Dank jedem einzelnen Menschen, dem ich im Laufe meines Lebens begegnen durfte. Sie alle wurden, bewusst oder unbewusst, zu meinen Lehrerinnen und Lehrern. Von ihnen habe ich all das gelernt, was ich heute subsumiert zusammentragen habe.

Ich wünsche Ihnen, liebe Leserinnen und liebe Leser, nun alles Gute und viel Erfolg.

Herzlich
Ihr
Dr. Markus Elsässer
im Winter 2025

Über den Autor

Dr. Markus Elsässer wuchs als Sohn eines Botschafters in London, Hongkong und Paris auf. Im Anschluss an seine Banklehre und sein Wirtschaftsstudium arbeitete er als Wirtschaftsprüfer, ehe er 1986 vom *manager magazin* zu einem der Top-Ten-Nachwuchsmanager Deutschlands gewählt wurde. Seine Industriekariere begann als Finanzdirektor bei Dow Chemical Deutschland, danach war er in Sydney als General Manager für Benckiser und schließlich in Singapur als Managing Director Asia-Pacific für die Storck-Gruppe tätig. Seit 1998 ist er selbstständiger Investor und Fondsberater sowie Gründer der ME-Fonds, die er seit mehr als 20 Jahren betreut. Für einige Jahre arbeitete er eng mit dem bekannten New Yorker Börsianer Guy Wyser-Pratte zusammen. Darüber hinaus war Dr. Elsässer viele Jahre als Mitglied in Aufsichts- und Vermögensbeiräten einiger einflussreicher Industriefamilien tätig.

Er hat über 50 Jahre Börsenerfahrung und ist mit großer Passion ein bewusst unabhängiger Investor. Kennzeichnend für seinen Anlagestil ist ein tiefes Verständnis für die Geschäftswelt und ihre globalen Zusammenhänge. Als einer der ganz wenigen vereint er praktische Führungserfahrung in der Industrie, auch in fremden Kulturen, mit fundiertem Finanzwissen.

Regelmäßig veröffentlicht Dr. Elsässer Beiträge zum Wirtschafts- und Finanzgeschehen auf seinem Youtube-Kanal *Markus Elsässer* sowie in Podcasts (Spotify: Dr. Markus Elsässer – Des klugen Investors Podcast). Außerdem ist er Teilnehmer an verschiedenen Börsen- und Finanzforen.

Kontakt:

elsass.wealth@gmail.com
www.elsaessermarkus.de
youtube: Dr. Markus Elsässer

Business-Speaker: Seminare und Vorträge

Als Keynote Speaker referiert Dr. Elsässer über das Thema Finanzen und bricht mit Passion gewohnte Denkmuster auf.
Weitere Informationen: elsass.wealth@gmail.com

Zuschriften zum Buch »Des klugen Investors Handbuch«

»Sehr geehrter Herr Dr. Elsässer. Anfang März habe ich Ihr Buch *Des klugen Investors Handbuch* erworben und in einem Rutsch durchgelesen. Zum einen möchte ich mich bei Ihnen bedanken für die Arbeit, die Sie in dieses Buch gesteckt haben. Es hat mir sehr geholfen, meine Aktienanlagen noch einmal zu reflektieren.«

K. R.
März 2021

»Hallo Herr Elsässer. Ich habe das Buch schon lange auf dem Kindle und bereits zwei Mal gelesen. Jedoch finde ich es so gut, dass ich es wohl in diesem Jahr das dritte Mal lesen werde. Nun, solch ein Buch gehört nicht nur ins Kindle, das gehört in den Schrank, neben Ihr anderes neues Buch.«

M. C., Horb/Deutschland
Februar 2021

»Lieber Markus, … aber ich habe mir für diesen Aufenthalt auch ein Buch gekauft, das ich schon immer mal lesen wollte: *Des klugen Investors Handbuch*. Ich wollte das Buch innerhalb der ersten Woche in Ruhe lesen. Es war jedoch so interessant, teilweise gar spannend, dass ich in 2 Tagen fertig war. Großartig schreibst Du mit Deiner einzigartigen Börsenerfahrung. Ich bin ja schon seit den 80er Jahren an der Börse aktiv. Und es gab nach schönen Gewinnen auch ab und zu mal eine Niederlage. Damals war ich sicherlich in der spekulativen Phase. Heute habe ich ein Depot zur Altersversorgung aufgebaut … Wenn ich wieder zu Hause bin, werde ich das Buch noch einmal kaufen und es meinem Sohn schenken.«

S. L., Balingen/Deutschland
Januar 2021

»Sehr geehrter Herr Dr. Elsässer, ich habe Ihr Buch *Des klugen Investors Handbuch* gelesen und bin total begeistert. Danke dass Sie Ihr Wissen und Ihre Erfahrungen niedergeschrieben haben und an andere Menschen weitergeben. Ich möchte Sie fragen ob Sie mir Literatur zum Lesen und Verstehen von Unternehmenszahlen empfehlen können. Für Ihre Unterstützung wäre ich Ihnen sehr dankbar.«

N. D., Deutschland
Januar 2021

»Lieber Herr Dr. Elsässer, ich hatte die Gelegenheit, *Des klugen Investors Handbuch* als Hörbuch zu hören. Ich möchte Ihnen dazu gratulieren! Dies ist ein wunderbar geschriebenes und in allen Belangen – aus meiner Sicht – sehr zutreffendes Buch. Ich habe es sehr genossen. Danke schön dafür.«

M. K.
Januar 2021

»Sehr geehrter Herr Dr. Elsässer, nun sind einige Wochen vergangen. Ich habe Ihre Lektüre *Dieses Buch ist bares Geld* wert und *Des klugen Investors Handbuch* gelesen. Nachdem ich beide Lektüren gelesen hatte, habe ich nochmal das Buch *Dieses Buch ist bares Geld wert* gelesen und dazu eine Zusammenfassung geschrieben. Beide Bücher waren sehr gut zu lesen. Kein Fachchinesisch, sondern sehr nah an der Praxis orientiert. Durch die Lektüre *Des klugen Investors Handbuch* habe ich super Einblicke bekommen, wie man die Thematik angeht. Da ich mich noch nicht so lange mit dem Thema beschäftigt habe, ist es sehr hilfreich für mich. Es steckt so viel Inhalt in dem Buch, dass es so ist wie Sie es am Ende schreiben, dass man es am besten nochmal durchlesen soll und dann in 6 Monaten wieder. Jedes Mal aufs Neue findet man was, was sehr wichtig ist bzw. einem wichtig wird. Zur Lektüre *Dieses Buch ist bares Geld wert*: Ich bin echt begeistert, was ich alles lernen durfte. Was mir besonders gefallen hat, dass es sehr praxisnah ist und ich auch Sachen direkt umsetzen konnte und noch will. Vor allem lernt man Sachen, worauf es im Leben auch ankommt! Dies habe ich so in dieser Form in keinem Buch gelesen. Dieses Buch ist für mich ein absolutes *Must Have*. Ich wünsche Ihnen viel Kraft, Gesundheit und Gottes Segen.«

M. S., Deutschland
November 2020

»Sehr geehrte Damen und Herren. Ich kann bereits beide Bücher mein Eigen nennen und habe diese bereits mehrfach gelesen. Im neuen Buch fehlt mir nur noch die persönliche Widmung von Herrn Dr. Elsässer.«

H. M., Bad Neustadt/Deutschland
November 2020

»Sehr geehrter Herr Dr. Elsässer, mit großer Begeisterung habe ich Ihr Buch *Des klugen Investors Handbuch* bereits mehrfach gelesen. Mittlerweile habe ich auch Ihr neues Buch *Dieses Buch ist bares Geld wert* regelrecht verschlungen. Ich kann Ihnen nur meine Hochachtung zu Ihren Büchern zum Ausdruck bringen und mich bei Ihnen für die überaus nützlichen Anregungen bedanken. Da ich mich bereits seit vielen Jahren mit unterschiedlichen Themen zu Kapitalanlagen befasse, habe ich selten eine Literatur gelesen, die diesen Themenkomplex, wie in Ihren Büchern, so treffend, unterhaltsam und zudem pragmatisch und leicht verständlich beschreibt. Ich werde Ihre Bücher in meinem Freundes- und Bekanntenkreis, als überaus nutzbringende Literatur, wärmstens weiterempfehlen. Zudem bin ich weiterhin auf Ihre Anregungen in Ihrem YouTube-Kanal gespannt. Ich bedauere es, dass ich Sie nicht in früheren Jahren als meinen Mentor/Berater gehabt habe.«

Dr. E. F., Deutschland
Oktober 2020

»Sehr geehrter Herr Dr. Markus Elsässer, ich möchte mich bei ihnen bedanken, dass Sie die beiden Bücher *Des klugen Investors Handbuch* und *Dieses Buch ist bares Geld wert* geschrieben haben. Die Bücher haben mir persönlich eine Motivation und Ansporn gegeben. Ich selbst bin noch ein junger und ein unerfahrener, de facto Anfänger an der Börse. Ich hoffe, dass ich irgendwann an der Bergspitze ankommen werde, von der ich immer träume. Nochmals danke Herr Dr. Elsässer.«

M.E., Deutschland
September 2020

»Ich habe vor einigen Tagen Ihr Buch *Des klugen Investors Handbuch* zu Ende gelesen. Was Sie da zum Thema Research schreiben, ist nach meiner Meinung ein richtiger Augenöffner.«

K.P., Oberhausen/Deutschland
Mai 2020

»Sehr geehrter Herr Elsässer, vor Kurzem habe ich Ihr Buch gekauft und dieses nun zum zweiten Male durchgelesen. Ich bin wirklich begeistert! Da man nicht nur Ihre jahrzehntelange Erfahrung spürt, sondern Sie diese anhand von Beispielen unterhaltsam herüberbringen. Am meisten begeisterte mich der Satz: ›Eine Aktie zu halten bedeutet, diese jeden Tag erneut zu kaufen.‹«

M.R., Oelde/Deutschland
Januar 2020

»Guten Tag Herr Elsässer. Ich dachte, ich muss Ihnen mal schreiben und mich für Ihre Weisheiten, die Sie veröffentlichen, bedanken. Mir gefällt Ihre Sichtweise, Herangehensweise, ja die ganze Erfahrung, die Sie mit uns teilen! Ich befasse mich schon lange mit der Kapitalanlage und bin seit 2005 an der Börse. Seitdem habe ich mich über verschiedenste Literatur weitergebildet, unzählige Bücher gelesen, jedoch habe ich selten so einen Menschen wie Sie getroffen. Danke – für Ihr gutes Buch.«

S.A., Österreich
November 2019

»Sehr geehrter Herr Dr. Elsässer, ich wollte mich auf diesem Wege bei Ihnen bedanken, denn Ihr Buch hat mir sehr gut gefallen. Zwar bin ich nun selber auch 30 Jahre an der Börse aktiv, jedoch haben Sie Punkte angesprochen, die man selber sonst leicht wieder aus den Augen verliert ... Ich werde Ihr Buch daher bei unserem monatlichen Börsenstammtisch in Düsseldorf unseren Teilnehmern ans Herz legen.«

U.J., Düsseldorf/Deutschland
Oktober 2019

»Hallo Herr Elsässer, die Weisheiten in Ihrem Buch sind so wahr. Ihr Buch nehme ich immer wieder zur Hand. ... Viele Grüße.«

F.G., Frankfurt
Mai 2019

»Lieber Herr Dr. Elsässer, ich wollte Ihnen nur ein kurzes Feedback zu Ihrem Buch geben: ein klasse Werk, ohne Schnörkel, die Dinge auf den Punkt gebracht, klasse zu lesen. Ich finde es super! Eines der besten Bücher in diesem Themenumfeld. Gratulation!«

D.K., Neulussheim/Deutschland
März 2019

»Sehr geehrter Herr Dr. Elsässer, ich habe Ihr Buch *Des klugen Investors Handbuch* gelesen. Sie haben mir viele hilfreiche Tipps gegeben, für die ich mich sehr bei Ihnen bedanke. Beispielsweise Ihr Hinweis auf den Brandversicherungswert, den die Schweizer Unternehmen (Aktiengesellschaften) in ihren Geschäftsberichten angeben müssen.«

J.B., Viersen/Deutschland
Januar 2019

»Sehr geehrter Herr Elsässer, ich bin seit 20 Jahren mit voller Begeisterung am Thema Börsen interessiert. Ich habe schon viele Höhen und Tiefen erlebt. Auch habe ich sehr viele Bücher zum Thema Finanzen und Aktien gelesen. Ihr Buch

Des klugen Investors Handbuch halte ich für eines der besten. Ich habe es, wie von Ihnen empfohlen, bereits mehrfach gelesen …«

T.Z., Petersberg/Deutschland
September 2018

»Sehr geehrter Herr Dr. Markus Elsässer, mit Begeisterung habe ich Ihr Buch *Des klugen Investors Handbuch* gelesen. Es hat mich in jedem Fall bereichert und ich konnte einiges mitnehmen.«

L.V., Deutschland
März 2018

»Sehr geehrter Herr Dr. Elsässer, vielen Dank für Ihr Buch *Des klugen Investors Handbuch*. Die Investition in Ihr Buch war wohl meine beste Investition in den letzten Jahren. Ich denke, wenn man nur einen Teil davon umsetzt, dann kann man im Verhältnis zum Buchpreis von einer nicht zu schlagenden Rendite sprechen. Es gehört zur Basislektüre für alle Menschen, die sich eigenverantwortlich um ihre Finanzen kümmern. Vielen Dank dafür.«

K.M., Mannheim/Deutschland
September 2017

»Ich bin durch Ihr Buch *Des klugen Investors Handbuch* auf Sie aufmerksam geworden. Ich habe es in der Buchhandlung Orell Füssli in Zürich gekauft und es abends in einem Rutsch durchgelesen – und war wirklich hocherfreut und regelrecht begeistert. Ich habe viele Bücher über die Börse gelesen, dieses gehört nun für mich zu den besten Büchern … Nachher werde ich das Buch ein zweites Mal lesen (der Hinweis am Ende gefiel mir ebenfalls sehr gut). Haben Sie vielen Dank!«

C.S., Zürich/Schweiz
Mai 2017

»Lieber Herr Dr. Elsässer, ich habe gerade Ihr Buch *Des klugen Investors Handbuch* gelesen und mir in einem Jahr einen Reminder im Kalender eingetragen. Ihr Buch ist eines der besten, das ich in meinem Leben gelesen habe, und mein Bücherregal ist nicht klein! Alles Gute für Sie und Gratulation zu solch einem Buch!«

F.L., Frankfurt/Deutschland
Februar 2017

»Lieber Markus, vielen Dank für die ›Bettlektüre‹ *Des klugen Investors Handbuch.* Ich habe sie mit Vergnügen von vorn bis hinten gelesen und bin recht beeindruckt, ja begeistert. Da ich jahrzehntelang Hunderte von juristischen und betriebswirtschaftlichen Sachbüchern durchackern musste, kann ich vergleichen: Dein Buch ist, wie man in der Verlagsbranche sagt, ein ›Treffer‹. Und zu allem Überfluss auch noch gut geschrieben ... Mir fiel früher schon auf, dass Fachleute nur selten imstande sind, das, was sie wissen, in ordentlichem, verständlichem und gut lesbarem Deutsch zu Papier zu bringen und darüber hinaus mit überzeugenden praktischen Empfehlungen zu verbinden! Ich muss Dir ein Kompliment machen: Deine Kapitel lesen sich wie ein spannender Roman, kurzweilig und mitunter sogar amüsant. So mancher Deiner Fachkollegen in den einschlägigen Redaktionen kann sich da was abgucken.«

H.F., München/Deutschland
Januar 2017

Des klugen Investors Handbuch

Markus Elsässer

Die meisten Geldanleger und Sparer stehen im Regen. Den richtigen Umgang mit Geld und Kapital lehren weder Schulen noch Universitäten. Aus dem Bankensystem heißt es »Nein, das kannst du nicht, dazu brauchst du uns!«. Eine Lüge, weiß Dr. Markus Elsässer. Er ist seit über 40 Jahren erfolgreich an der Börse unterwegs, hat auf drei Kontinenten gelebt und mit Exnationalspieler Simon Rolfes zusammen eine Firma aufgebaut. Er kennt die Welt der Börse wie kaum ein anderer.
Auf amüsante Weise lernt der Leser, mit welchen Familien-Großaktionären man sich ins Bett legen darf, was nicht in der Bilanz steht (aber dafür umso wichtiger ist) und warum man sich vor Gorillas auf dem Börsenparkett in Acht nehmen sollte. »Des klugen Investors Handbuch« unterstützt dabei, ein erfolgreicher Investor zu werden — unabhängig von Alter, Ausbildung und Beruf.

176 Seiten | Hardcover | 14,99 € (D) | ISBN 978-3-89879-996-6

Finanzielle Intelligenz

Niclas Lahmer

Geld besitzt seine ganz eigenen Regeln und finanziell intelligente Menschen kennen diese Gesetze des Erfolgs. Sie spielen nach den neuen Regeln, während sich der Rest weiterhin nach Althergebrachtem richtet. Junge Menschen lernen an Deutschlands Schulen und Universitäten auch heute noch die Wahrheiten von gestern, statt in einer Zeit des völligen Wandels das Wissen vermittelt zu bekommen, das sie wirklich für den finanziellen Erfolg brauchen.

Niclas Lahmer erläutert anschaulich in seinem Buch, was es bedeutet, finanziell intelligent zu handeln und dabei zu lernen, was die Bildungspolitik jungen Menschen verweigert. Er zeigt neue Wege auf und lehrt, wie finanzielle Chancen entstehen, wie Geld für Sie arbeiten kann und wie Sie finanziell erfolgreich werden. Egal wo Sie gerade in Ihrem Leben stehen, Sie können immer das Ruder herumreißen und durch Ihre Entscheidungen alles verändern.

176 Seiten | Hardcover | 17,99 € (D) | ISBN 978-95972-102-8